苦学と立身と図書館

パブリック・ライブラリーと近代日本

伊東達也
Ito Tatsuya

青弓社

苦学と立身と図書館

パブリック・ライブラリーと近代日本

目次

第4章 読書装置としての貸本屋と図書館

第5章　苦学と立身と図書館

装画――カバー表：「帝国図書館旧館の普通閲覧室」（「風俗画報」一九〇〇年十月号、東陽堂）
カバー裏：「帝国図書館」（絵はがき）

装丁――Malpu Design［清水良洋］

序章　“public library”と日本の図書館

1　日本の「公共図書館」は“public library”か

本書は、公共空間としての図書館が果たしてきた社会的機能について検討して、近代公共図書館制度が日本社会のなかに位置づけられていく過程を明らかにすることを目的にしている。これは、「図書館」というものについての合意が、民意のなかに、いつ、どのように形成されていったのかを解明することでもある。

日本の図書館は、つい最近まで利用者の大部分が「学生」だった。周知のように、近代以前の日本には図書館という概念は存在しなかった。後発国日本は、教育を有効な手段として自覚的に利用することによって近代化に成功してきたといえるが、伝統社会から離陸して近代化の軌道に乗るにあたって西洋先発国からの文化伝播・文明移植に依存するところが大きく、公共図書館制度もその例外ではない。

一九四九年に初めて採択されたユネスコ公共図書館宣言（UNESCO Public Library Manifest）にあらわれているように、近代公共図書館はいまや全世界的に共有されている普遍的な教育・文化制度のひとつになっているが、制度としての内容を観察してみれば、それが初めて成立した十九世紀半ばのアメリカの文化的・歴史的影響を多分に保ったまま、現在にまで伝承されていることがわかる。「公立図書館は、アメリカの主要な文化機関の中で最もアメリカ的な特徴をもつ機関の一つである」[1]とするならば、そのアメリカ的特徴がそのまま公共図書館という普遍的な制度の特徴として世界的な標準性を獲得しているといえる。

しかし、公共図書館が地域社会を対象として、その住民に直接はたらきかけることによって機能を果たす性格をもつものである以上、それが存立している社会の組織や、なによりもその利用者たる人々がもっている文化的土壌に合うものでなくては存在しえないことも明らかである。したがって、制度そのものは通文化的なものであっても、それがある特定の社会のなかに移入され、実際に地域社会のなかで運用されていく際には、その内容の一部が省略されたり、掲げている理念が移入先の思想的・文化的環境に合わせて変更されたりすることが、程度の差はあっても、必ず起こっていると考えられる。

「公共図書館」という名称は、英語の“public library”（以下、パブリック・ライブラリーと表記）に対応している。日本の図書館法では、「図書、記録その他必要な資料を収集し、整理し、保存して、一般公衆の利用に供し、その教養、調査研究、レクリエーション等に資することを目的とする施設」が「図書館」と定義されていて、「公共図書館」という語は用いられていない。したがって、パブリック・ライブラリーをあらわす「公共図書館」についての厳密な法的根拠はないといっていいが、従来、自治体が設置する「公立図書館」と、法人などが設置する「私立図書館」のうち、地域住民に図書館サービスを無料で提供する図書館が、公共図書館（パブリック・ライブラリー）とみなされている。

現代のパブリック・ライブラリーの代表的な定義のひとつである『ALA図書館情報学辞典』では、パブリック・ライブラリーを次のように説明している。

全般的な図書館サービスを所定のコミュニティ、区域、地域の全住民に無料で提供する図書館。パブリック・ライブラリーは、公費あるいは私費で維持され、法的に定められたサービス地域の住民に対して、各利用者に無料で基礎的サービスを提供する。しかし、法的に定められたサービス地域以外の利用者からは料金をとることがある。(2)

ここでは、法的に定められた地域の住民に対して無料でサービスを提供することを明確に定めている。また、公立だけでなく私立のパブリック・ライブラリーもありうることもあげているが、このことについては、アメリカの特殊な事情を考慮する必要がある。アメリカには、ニューヨーク公共図書館（New York Public Library）に代表されるような、公立でないにもかかわらず、その資料とサービスを一般市民の利用に供している無料公開の図書館が存在していることによる。(3)

歴史的にみれば、アメリカでもパブリック・ライブラリーと呼ばれてきた図書館は、その目的や運営形態などからみてもかなり多様であり、最初から現在のような語義に定まっていたわけではなかった。まず十七世紀に、ひとつのグループで共有して共同で利用する蔵書や図書室のことを"public library"と呼んだ用例が文献上で確認できる最初のものである。(4) 十九世紀になると「利用する上に何らの制限を設けていないものはもちろんのこと、たとえ設けているとしても、それに従うことが何人にとってもそれほど困難なものではない程度の条件でその便宜が提供されている図書館(5)」という範囲をさす語になって、一般にも開放された学校付属図書館や会員制の図書館をも含む概念になる。

川崎良孝によれば、一八五八年から六八年までボストン公立図書館長を務めたチャールズ・ジューエットが五〇年に連邦議会に提出した『アメリカ合衆国のパブリック・ライブラリーについての報告』(Notices of Public Libraries in the United States of America) では、パブリック・ライブラリーとして、議会図書館や商事図書館、職工学校、神学校、法律学校などの専門学校の付属図書館、科学協会など学術団体の図書館などをあげている。(6) 十九世紀半ばまでは、一定のメンバーしか利用できない閉鎖的な"private library"と区別するための概念として、「当該コミュニティの全住民が利用可能な図書館を言い、必ずしも無料であるとは限らなかった(7)」図書館を"public library"と称していた。

この語義が、一八五四年のボストン・パブリック・ライブラリーの開館前後から変化する。五一年、マサチューセッツ州は、州法によって各市町村に公立図書館の設置を許可し、図書館設立のために、納税者ひとりにつき一ドル、次年度以降の運営には二十五セントを上限として課税できるとした。この法令に基づき、五四年にマサチューセッツ州の中心都市ボストンにボストン・パブリック・ライブラリーが誕生するのだが、これを端緒として、無料公開で、経費の全額または大部分が公費（地方税）でまかなわれる図書館で、その運営に関する原則的なことが法律で定められている図書館だけを“public library”と称する考え方が普及する。七六年にアメリカ内務省教育局が刊行した特別報告書“Public Libraries in the United States of America”では、取り上げた十九の館種のひとつに“public libraries”をあげて、前述の意味で記述していて、ここでは“public library”はすべての人に無料で公開され、法律によって設立されて、税によって維持されなければならないと主張している。

またこの時期には、パブリック・ライブラリーの公開性について、新たな観点が付け加えられている。それは、図書の利用が図書館内に限られるかどうかという問題だった。

一八五二年に作成されたボストン・パブリック・ライブラリーの理事会報告書（“Report of the Trustees of the Public Library of the City of Boston”）では、「公教育を完成させるものとしてのパブリック・ライブラリー」という考え方を示していて、蔵書の公開について「貸出の徹底と手続きの簡素化をはかり、官吏、牧師、教師、師範学校の全構成員、学校卒業時に優等をとった者、それにいわゆる上の層の住民は、単に氏名と身分を保証するだけで、貸出用の図書を一回につき一冊借りる権利をもつ。それ以外の住民は、当該図書の価値相当分の保証金と引き換えに同じ権利を獲得する。この措置によって、各家庭は一ドル以下の保証金で楽しく有意義な読書ができる(8)」と、図書による自己教育を全住民に開放するための手段として、館外貸し出しが有効であることを説いている。

同じ頃、大英博物館の職員だったエドワード・エドワーズが一八四八年にロンドン統計学会で発表した「ヨーロッパ及びアメリカ合衆国における主要公共図書館に関する統計的考察」でも、労働者を含めた一般市民が自由に利用できる図書館がイギリスには少ないことについて、「働いている人たちは一日労働に追われていて夜間にしか図書館を訪れることができないし、館内でじっくり閲覧できるような時間的余裕を十分に持ち合わせてはいない。したがって、働いている市民にとっては、夜間開館と貸し出しがおこなわれなければ、図書館が真に開かれたものとはならない[9]」と、館外貸し出しを実施しているかどうかが図書館の公開度を示すひとつの基準であることを指摘している。

閉架式と館内閲覧というそれまでの伝統的な公開方法に加えて、館外貸し出しという新しい利用サービスはアメリカで創始されたことがわかるが、これはすべての市民に機会の均等を保障すべきであるというアメリカ民主主義の思想を図書館で具現化したものといえ、十九世紀末からアメリカ全土の公共図書館に普及していった。

アメリカでのこのような試みは、ヨーロッパ諸国の注目を集めたが、その影響は第二次世界大戦までは、イギリスや北欧諸国に限られていた。日本では、一八七二年（明治五年）に発足した初の近代公共図書館である書籍館が館内閲覧中心の資料保存主義による運営方針を掲げて発足し、この書籍館の方針が、その後、各地に設立された公・私立の書籍館や図書館に強い影響を及ぼした。少数の公共図書館で開架式の採用と館外貸し出し重視の実践がみられたとはいえ、第二次世界大戦後まで、閉架式と館内閲覧が利用サービスの支配的な形態であることに変わりはなかった。

現代のパブリック・ライブラリーの世界的基準である“UNESCO Public Library Manifesto”（ユネスコ公共図書館宣言、一九九四年）では、パブリック・ライブラリーについて次のような要件を示している。

・公共図書館は、その利用者があらゆる種類の知識と情報をたやすく入手できるようにする、地域の情報センターである。
・公共図書館のサービスは、年齢、人種、性別、宗教、国籍、言語、あるいは社会的身分を問わず、すべての人が平等に利用できるという原則に基づいて提供される。
・公共図書館は原則として無料とし、地方および国の行政機関が責任を持つものとする。
・それは特定の法令によって維持され、国および地方公共団体により経費が調達されなければならない。

森耕一は、この宣言のなかにもあらわれている五つの要件、①地域社会のすべての人々に開かれていること、②経費の全額または相当部分が公費で賄われていること、③無料で利用できること、④法律に基づいていること、⑤民主的な機関であることを、「近代パブリック・ライブラリーの五つの原則」[10]として整理しているが、これと比べた場合、私立図書館も含むという日本での公共図書館の概念は、かなりゆるやかで包括的であることが理解できる。森耕一は、この点について次のように考察している。

このあいまいさは明治以来の伝統である。一八九九(明治三十二)年の図書館令が「私人ハ図書館ヲ設置スルコトヲ得」と規定し、私立図書館も、いわゆる公共図書館のカテゴリーに含めるという立場をとった。これは、当時西欧のパブリック・ライブラリーなるものを正確に理解する人が少なかったためであると考えられる。そして、この不消化の状態は完全に解消されることなく、戦後の図書館法に引き継がれている。[11]

このような、日本の「公共図書館」と世界標準の「パブリック・ライブラリー」との概念の違いをより明らかにしてみることが本書の目標のひとつといえる。そのために本章では、パブリック・ライブラリーの理念の一八六〇年代から一九二〇年代半ば(明治・大正期)の日本での展開についてみていく。

2　問題の所在

わが国最初のパブリック・ライブラリーといわれる東京書籍館を創設した文部大輔・田中不二麿は、一八七七年(明治十年)末の『文部省第四年報』中に「公立書籍館ノ設置ヲ要ス」と題した一文を草し、「公立学校ノ設置ト公立書籍館ノ設置トハ固ヨリ主伴ノ関係ヲ有シ互ニ相離ルヘキニ非ス」、「今ヤ公立学校ノ設置稍多キヲ加フルノ秋ニ際シ独リ公立書籍館ノ設置甚タ少ナキハ教育上ノ欠憾ト謂ハサルヲ得ス」[12]と図書館（公立書籍館）を学校を補完する教育機関と位置づけて、その全国的な設置を訴えた。しかしその後、図書館の整備は全国一律には進まず、ある時期まで図書館はほとんど東京一都市に集中して存在していた。

一八九七年（明治三十年）の帝国図書館官制の制定と九九年（明治三十二年）の図書館令の公布に象徴されるように、図書館に対する政治的評価が定まったのは一九〇〇年前後（明治三十年代）以降であり、図書館数やその利用者数が増加した〇〇年頃から二〇年代半ば（明治三十年代半ばから大正期）にかけての時期が日本の公共図書館制度の確立期といえる。[13]全国の図書館閲覧者数は、〇一年（明治三十四年）以前にはその六〇パーセント以上を東京市（東京府）内の図書館が占めていて、ときにはそれが八〇パーセント近くに達している。また、図書館別の閲覧者数の内訳をみると、その大部分が、書籍館を端緒とする東京書籍館、東京府書籍館、東京図書館、帝国図書館という官立図書館の利用だった。すなわち、〇三年頃（明治三十年代半ば）までの図書館制度草創期では、公共図書館を利用するという行為は、ほぼ東京という一都市のなかで、官立図書館を中心とした現象だったことがわかる。

では、この時期の図書館は、どのような人々によって使われていたのだろうか。従来の図書館史研究は、個々の図書館の成立史のほかは、一九〇〇年前後（明治三十年代）の制度確立期以後の図書館の文教政策全体のなかでの位置づけに着目したものが多く、日露戦争後から内務省が主導して展開した地方改良運動と、その一環として進められた社会教育思想の形成、さらにその影響によって、実質的には四五年（昭和二十年）の敗戦まで、その性格や内容が規定されてきた図書館の姿が明らかにされてきた。[14]しかし、その利用状況については、「萌芽期にあった公立書籍館は、わが国資本主義原資蓄積期というきびしい条件のなかで、その芽は萎み、枯れて行った。（略）自然その門を閉ざし本来の『学校図書館』となってゆくのも故なしとしない[15]」という評価や、「まだ未発達であった学校図書館、大学図書館の補助的機能を果たしていた[16]」、通俗図書館政策下で「『健全有益ナル図書』を保持し、それを読ませようとした努力は、結局大衆の支持を得られず、学生の図書館と化してしまった[17]」という見解にとどまっていて、利用の実態や時期による変化のありようには関心が払われていない。

当然ながら、一八七二年（明治五年）の書籍館の開館以来、近代日本にも数多くの図書館利用者が存在したはずであり、それぞれの図書館は、利用者との関わりによって、その影響を受けながら形づくられてきたはずである。したがって、図書館の歴史は、施設や蔵書、施策の発達史ではなく、公共施設としての使われ方の歴史が中心でなければならない。ところが、個々の図書館の記録のなかに利用者についての統計があらわれるのは一九〇五年前後（明治三十年代後半）以後であり、官立図書館でも、「閲覧人ノ種類ハ館内ノ分ヲ従来其調査ヲ欠キタリシカ本年度ヨリ詳細ヲ調査セリ[18]」として、館内閲覧者の職業別統計が初めて公表されたのは〇七年度（明治四十年度）である。日本の図書館の特徴が形成された草創期の〇〇年前後（明治三十年代）よりも前の利用状況については、これまでほとんど明らかにされていない。

しかし、例外として大日本教育会書籍館が一八九〇年前後（明治二十年代）におこなった職業別調査の記録が部分的に残されている。同館の八九年（明治二十二年）八月分の閲覧者統計によると、総閲覧者数千八十三人のうち約八〇パーセントの八百五十一人を「学生」が占めていた[19]。また、その後一九〇七年度（明治四十年度）の帝国図書館の閲覧者統計も、六四・六パーセントが「学生々徒」だった。同館の年報には「館内閲覧人ハ学生其多数ヲ占ムルハ前年ノ趨勢ト異ナラサレトモ」という解説が付されていることからも、一八九〇年前後（明治二十年代）の以前からこのような状況が恒常的に続いていたことがわかる[20]。学校の在籍者以外の過年度卒業生や各種試験の受験生などは「無職」または「その他」に区分されていたことからすれば、実際には統計の数以上に図書館利用者中の学生の比率は高かったと考えられる[21]。

公共図書館の利用者の大部分を学生が占めるということの傾向は、図書館利用者の職業別統計が公表されるようになって以後、明治期だけではなく戦前・戦後を通じて、図書館の規模の大小や地域を問わずみられるものである。そして、これは各図書館の設立目的や図書館に関する政策とは関わりがないところで形成された、日本の図書館の大きな特徴のひとつといえる。

では、なぜこのような特徴が生じたのだろうか。それは、この時期の学生の需要を満たすような社会的機能、すなわち、勉強ができる空間としての機能が図書館に備わっていたからと考えられる。近代日本の図書館は、情報機関としての機能よりも、勉強ができる空間としての機能によって社会的に受け入れられた。

図書館がどのような目的と理念に基づいて設立され、整備されたのかという図書館を設置する側の図書館理解と、それを使う者が図書館をどのようなものとみなし、日常生活のなかで図書館にどう関わったのかという、利用する側の図書館理解との間に相違がある以上、日本の図書館が学生による利用と不可分の関係をもちながら成立したものだとすれば、それは公共図書館制度に対する原初的な民意のあらわれと考えられ、図書館という存在を検討する際に、彼らの学びの場という観点が不可欠であることを示している。この視点を加えることによって、政策や設置者側からみたものとは異なる図書館形成の過程が理解できるのであり、近代日本ならではの図書館史の特徴を解明することにつながるはずである。

日本の図書館は、なぜ学生が多く利用するものになったのか。この問いに対する答えを探求することで、近代公共図書館制度が日本社会のなかに位置づけられていく真の歴史と、近代日本の公共図書館観を明らかにすることができる。

そこで、図書館の草創から制度確立に至るまでの成立期ともいえる明治期全般を対象として、その利用の実態や利用者の構成について検討する。特に学校・試験制度や、東京という都市の学生と称される若者と図書館の関わりに注目することで、都市空間のなかでの図書館の機能を明らかにし、利用する側からみた図書館成立史の描出を試みる。

なお、以下で特に限定せず「図書館」と記すときは、「公共図書館」のことを意味している。

3　先行研究の検討と本書の意義

近代日本の図書館発達史に関する研究の蓄積は少なくないが、これまでの研究は対象が主として図書館政策や制度・機構、資料の分類・目録、蔵書コレクションなどであり、図書館の内部からの視点でおこなわれているために利用者に対する視点は欠けている。一九八〇年代までは、裏田武夫・小川剛[22]、石井敦[23]、永末十四雄[24]などの通史を試みた代表的な研究でも利用者や利用状況についての注目はなく、積極的に言及されてこなかった。

一九九〇年代になると、永嶺重敏が明治期の公共図書館と利用者について、図書館利用者としての「公衆」概念の成立と利用者層の形成過程を明らかにした。[25]永嶺は〇五年前後（明治三十年代後半年）以降について、東京以外の地方でも利用者層が形成され、都市部でも下層にまで図書館利用が普及していたことを解明しているが、利用者のなかに学生が多かったことについては、〇七年（明治四十年）頃の各図書館の閲覧者の職業が、学生の次に「教育家実業家官公吏美術家文学家等の順序」[26]となっていて、それが「この時期の中産知識人層の代表的職業類型」だったことから、「明治期の公共図書館の主要な利用者公衆を形成していたのは第一に学生、第二に中産知識人層であった」[27]と指摘するにとどまっている。そして、「これらの学生層も大部分は中産知識人層とその子弟であったから、明治期の図書館利用者公衆は中産知識人層とその子弟であったと結論することができきよう[28]」と、社会階層としての限定性の理解に終わっている。

また永嶺は、当時の雑誌記事[29]を根拠として、学生が図書館では「一回の請求冊数三冊のうち一冊は必ず小説等の文学書を借りる傾向が強かった[30]」ことから、「彼等は勉強の合間にそれぞれ好みの小説を黙読することによって、小説の消費者たる近代的な文学読者公衆へと形成されていった」として、学生を含むこの時期の図書館利用者にとって図書館との出合いは近代的な読書習慣の訓練を意味していたと分析している。そして、学生以外の利用者については、その存在は目立たなかったものの「成人有職者の間にも図書館利用者は着実に増えつつあった[31]」ことを示し、「近代日本の図書館に集まってきたのは、動機も目的もさまざまな利用者たちであった[32]」と結論づけている。

しかし、動機も目的もさまざまな公衆が、図書館を利用することで読書習慣の訓練を受け、最終的に近代読者層が形成されるという、図書館を社会的な読書装置のひとつとみるこのような枠組みは、このあとの日本での近代読書の成立と近代公共図書館思想の存在を前提とした見方であり、実態を明らかにしているとは言いがたい。

従来の研究で学生の利用が多い現象に対する言及が避けられてきたのは、わが国の図書館の発達史を、近代読書の成立に寄与したものとして描こうとする意図のあらわれなのではないだろうか。重要なのは、近代日本にも、ささやかながらも学生以外の図書館利用者が存在していて、そうした図書館利用者たちの全体に「近代読書」が成立していたということではなく、草創期以来、図書館の利用者は学生が圧倒的多数を占めつづけていたという事実の、近代公共図書館思想の受容と展開の過程での意味であり、いまだに図書館での受験勉強が続いているように、日本社会のなかで図書館が学生の学びの場でありつづけていることの歴史的な意味である。そこで本書では、公共図書館を、社会的な読書装置としてではなく、ある時期に突然出現した公共空間のひとつと捉え、その側面からみた図書館の使われ方に注目して考察する。

一方、この時期の青少年の進学や学歴獲得に関する学びについては、天野郁夫[33]や竹内洋[34]、山本明[35]などによる研究がある。また、明治中期から昭和戦前・戦中期での日本人の「学び」ないし自己形成の探求過程で、雑誌メディアや進学案内書などの教育ジャーナリズムがどのような教育情報を発信し、どのような影響を与えたのかを分析した菅原亮芳による一連の研究[36]がある。しかし、これらの研究は青少年の学びの行動に図書館という特定の施設が及ぼした影響について注目したものではないため、学習に関わる重要な要素のひとつとしての図書館の位置づけはなされていない。

新聞や一般の雑誌だけでなく、青少年向け雑誌や進学案内書などの教育ジャーナリズムでも、学校や学習、受験についての情報の一部として、どの時代にも図書館についての情報や言説が提供されている。これらのメディアによって、図書館についてどのような情報が発信されてきたのか、また、図書館を利用するということについて、どのような認識や評価がなされてきたのかを網羅的に検討することで、日本人の学びの行動と自己形成で果たした図書館の役割を明らかにすることが期待できる。

明治期の公共図書館制度の発展過程について、その草創期にさかのぼって利用する側の視点から展望してみることは、近代日本の図書館形成史のより構造的な理解とともに、「学び」の歴史のなかでの図書館の位置を明らかにすることにつながる。

4　本書の構成

本書は以下の構成である。

第1章は「日本的図書館観の原型」として、図書館についての合意が民意のなかに醸成される過程を解明するために、近代図書館に展開する読書施設の伝統が近世にも底流として存在したと考え、文政期から明治期にかけての福岡藩（筑前国）の庶民文庫の事例を検討する。その過程で、近世の文庫を利用した庶民の読書行動の特徴と近代公共図書館につながる文庫の社会的機能を明らかにし、近世の文庫観と近代の図書館観の連続性について指摘する。

第2章は「パブリック・ライブラリーを日本に」として、近代公共図書館の思想と制度が日本に移入された当初の姿を確認するために、日本初のパブリック・ライブラリーである東京書籍館の成立に影響を与えた文部大輔・田中不二麿の図書館観の形成過程を振り返り、学制施行期での田中文政の成立が公共図書館制度の創始に不可欠だったことを確認する。図書館を学校教育を補完するものと考える田中のアメリカ的な図書館理解が、その後の日本の図書館政策に影響を与えたこととともに、田中がモデルにしたアメリカの“free public library”や“public school library”と、その後の日本の図書館政策の相違を示して、欧米の近代公共図書館思想が日本で変化していく端緒になったことを明らかにする。

これ以降は、学生の自習のための空間として使われるようになった日本の図書館の展開を、多様な切り口から事実関係を確認していく。

第3章は「東京遊学と図書館の発見」として、一八九〇年前後（明治二十年代）以降の上京遊学者の増加によって、彼らが図書館を利用し始めた経緯を明らかにする。特にこの時期に始まった職業資格試験によって学習需要が高まったことに注目して、試験制度の変遷と、図書館が職業資格取得のための学びの場として発見され、利用が定着していった経緯を示す。

第4章は「読書装置としての貸本屋と図書館」として、一八八七年（明治二十年）前後に、専門書を扱って閲覧室まで備えた「新式貸本屋」が登場したことにあらわれているように、明治期の学生にとって江戸時代以来の貸本屋は依然として有力な読書装置であり、図書館と貸本屋を目的によって使い分けていたことを示す。また、そのようななかで、図書館では音読が禁止されていて、このことが、黙学による自習空間としての図書館の発展を促したことを提示する。

第5章は「苦学と立身と図書館」として、主に一九一〇年頃（明治四十年代）以降、学生が働いて学資を稼ぎながら勉強する「苦学」が高等教育を求めるものから普通教育を求めるものに変化したことや、中学講義録などによって資格取得のために個人で勉強する「独学」がおこなわれるようになったことに伴って図書館が苦学者や独学者のための学びの場として特に意識されるようになったことについて、苦学生に広く読まれた雑誌「成功」（成功雑誌社）の図書館論の分析によって明らかにする。

第6章は「勉強空間としての図書館の成立」として、一九〇五年前後（明治三十年代後半）以降、高等教育機関進学のための入学試験競争が激しくなり、「受験」という語が一般的に使われるようになった時期の図書館の利用状況に注目して、新聞・雑誌記事の論調の変化から、図書館が受験生のための共同の勉強室や受験道場のようなものとして認識されるようになる過程を、一八六〇年代から一九二〇年代半ば（明治・大正期）を四期に分けて考察する。あわせて、このように勉強のための空間として使われるようになった図書館の閲覧スペースが日本の図書館に欠かせない施設とみなされるようになった経緯についての検討も加え、日本の図書館が学生の勉強空間とみなされるようになった時期を明らかにする。

注

（1）M・カーチ『アメリカ社会文化史』竜口直太郎／鶴見和子／鵜飼信成訳、法政大学出版局、一九五四年（Marle Curti, *The Growth of American Thought*, Harper & Brothers, 1943, 1951.)

（2）Heartsill Young 編『ALA図書館情報学辞典』丸山昭二郎／高鷲忠美／坂本博監訳、丸善、一九八八年、六九ページ（Heartsill Young, *The ALA Glossary of Library and Information Science*, Ediciones Díaz de Santos, 1983.)

（3）ニューヨーク公共図書館は、歴史的な事情によって、現在、ニューヨーク市の経営ではなく民間の教育法人が経営にあたっている。しかし、ニューヨーク市長と市議会議員を含む理事会が管理していて、ニューヨーク市が運営資金として毎年相当額の補助金を支出している。そして、市との間で一九〇一年に取り交わした契約によって、ニューヨーク市の三つの区マンハッタン・ブロンクス・スタテンアイランドに居住または通勤・通学している人々すべてに対して無料で図書館サービスを提供することになっている。

（4）小倉親雄「アメリカの公共図書館」、日本図書館研究会編「図書館界」第十九巻第五号、日本図書館研究会、一九六八年、一九九ページ

（5）小倉親雄「パブリック・ライブラリーの思想とわが国の公共図書館」、日本図書館協会編「図書館学会年報」第十二巻第一号、日本図書館協会、一九六五年、一四ページ

（6）川崎良孝『アメリカ公立図書館成立思想史』日本図書館協会、一九九一年、一三ページ

（7）前掲『ALA図書館情報学辞典』六九ページ（Young, *op.cit.*）

（8）前掲『アメリカ公立図書館成立思想史』一六五―一六六ページ

（9）Edward Edwards, "A statistical view of the principal public libraries in Europe and the United States of North America," *Journal of the Statistical Society of London*, 11(3), 1848, pp. 250-261.

（10）森耕一編『図書館法を読む』日本図書館協会、一九九〇年、八〇ページ

（11）森耕一「公共図書館」、図書館情報学ハンドブック編集委員会編『図書館情報学ハンドブック』所収、丸善、一九八八年、一八六ページ

（12）「公立書籍館ノ設置ヲ要ス」、文部省編『文部省第四年報』（復刻版）、宣文堂、一九六六年、二一―二二ページ

（13）裏田武夫／小川剛「明治・大正期公共図書館研究序説」「東京大学教育学部紀要」第八号、東京大学教育学部、一九六五年

（14）石井敦『日本近代公共図書館史の研究』日本図書館協会、一九七二年

（15）同書一六三ページ

(16) 永嶺重敏「明治期の公共図書館と利用者——図書館利用者公衆の形成過程」、日本図書館研究会編「図書館界」第四十九巻第五号、日本図書館研究会、一九九八年、二六四ページ
(17) 前掲『日本近代公共図書館史の研究』六五ページ
(18) 国立国会図書館支部上野図書館編『帝国図書館年報』国立国会図書館、一九七四年、二三一ページ
(19) 「書籍館報告」「大日本教育会雑誌」第九十号、大日本教育会、一八八九年、七一一—七一三ページ
(20) 前掲『帝国図書館年報』二三一ページ
(21) 一九〇七年(明治四十年)の帝国図書館利用者の「学生」について次のような新聞記事がある。
「此内学生とせるは明らかに学籍にあるもの丶みにして高等学校又は判検事弁護士医師試験準備の為め閲覧するものは無職の内に含まる丶ものなり」(「帝国図書館の近況」「東京朝日新聞」一九〇七年八月五日付)
(22) 前掲「明治・大正期公共図書館研究序説」
(23) 前掲『日本近代公共図書館史の研究』
(24) 永末十四雄『日本公共図書館の形成』日本図書館協会、一九八四年
(25) 前掲「明治期の公共図書館と利用者」と永嶺重敏『〈読書国民〉の誕生——明治30年代の活字メディアと読書文化』(日本エディタースクール出版部、二〇〇四年)。
(26) 「八月中の図書館統計」「京都新聞」一九〇七年九月三日付
(27) 前掲「明治期の公共図書館と利用者」二六三—二六五ページ
(28) 同論文二六五ページ
(29) 「東京図書館に遊ぶ」「早稲田文学」第二巻、早稲田文学社、一八九一年、四四ページ
「一時に三部かりぬ人はいと少なく三部借りる人は一部は小説または益もなき遊戯文学の類なるが多

し」

(30) 前掲「明治期の公共図書館と利用者」二六八ページ

(31) 同論文二六五ページ

(32) 同論文二六九ページ

(33) 天野郁夫『試験の社会史——近代日本の試験・教育・社会』(東京大学出版会、一九八三年)、同『学歴の社会史——教育と日本の近代』(〔平凡社ライブラリー〕、平凡社、二〇〇五年)

(34) 竹内洋『立志・苦学・出世——受験生の社会史』(講談社現代新書)、講談社、一九九一年

(35) 伊東俊太郎ほか編『日本人の生活』(〔講座・比較文化〕第四巻)、研究社出版、一九七六年

(36) 菅原亮芳「近代日本人のキャリアデザイン形成と教育ジャーナリズム（2）雑誌『中学世界』にあらわれた苦学情報」、高崎商科大学メディアセンター編「高崎商科大学紀要」第二十四号、高崎商科大学メディアセンター、二〇〇九年

第1章　日本的図書館観の原型

1　福岡藩の庶民文庫の発展

読書施設における近世と近代の接続

近代日本の図書館は、幕末から明治期にかけて欧米から移入された図書館の制度と思想の枠組みのうえに構築されたものだが、そうした外国の制度をそのまま定着させたものではない。もとよりこのような近代図書館に展開する可能性をもった読書施設の伝統が、近世にも底流として存在したと考えるべきである。それは第一に藩校などの学校に付属した文庫や、個人の蔵書、社寺の蔵書を公開した庶民文庫などの「文庫」であり、第二に娯楽のための読み物の流通組織としての「貸本屋」だった。

これら前近代の読書施設と図書館との関係については、従前の日本の図書館史では、近代の図書館は近世の文庫とは断絶したところから発生したものとしていて、そこにこそ日本の図書館の特異性が存在するように語られてきた(1)。

幕末の遣欧米使節などが「ビブリオテーキ」「ライブレリ」「文庫」「書庫」「書籍館」などと言いあらわした図書館の概念は、本来、西欧近代の啓蒙主義思想のなかで発生したミュージアムの一構成要素として成立したものである。ここでいう「ミュージアム」とは、日本語の博物館や美術館だけでなく、図書館、動物園、植物園、史跡、天文台をも包括する束概念だが、幕末の日本にミュージアム概念が移植される際には、本来のミュージアムのごく一部である自然博物館、産業博物館、総合博物館だけしか対象にされていなかった。そして、ミュージアム概念の移入過程では、江戸時代の本草学、物産学の延長上にある「薬品会」「物産会」といった既存の形態に仮託することではじめて受容が可能(2)になった。

ミュージアムと同時期に移入された図書館の概念も、ミュージアムと同様に機能や様相の類似した既存の形態に仮託することによって、当時の人々にとって理解が可能になることではじめて、日本社会のなかに取り込むことができたものである。すなわち図書館も、それ以前の近世の日本社会のなかに存在しなかった外国の制度と思想が翻訳を通じて日本に輸入された事例であり、「文庫」や「貸本屋」という図書館と社会的機能の類似した読書施設の概念を継承しながら、そのうえに新たに近代図書館制度がつくられたものといえる。

従来言われてきた近世教育と近代教育との連続・不連続の問題を図書館制度についてみると、前述のような近代図書館のコンセプトを受け入れる素地になった近世の読書施設を、図書館の日本的底流として捉え返すという視点を得ることができる。とするならば、近世の読書施設と近代の図書館とは断絶した存在ではなく、「文庫」や「貸本屋」の概念や機能は明治以降の図書館にも底流として受け継がれていて、そうした近世的心性が近代を受け入れるという葛藤のなかで、図書館観をめぐる合意が人々のなかに醸成されていったと考えられる。

「文庫」と「貸本屋」それぞれの社会的機能を、近代公共図書館へと展開する可能性をもった読書施設に伝統的に備わるものと捉えたとき、書籍の貸借だけでなく、書庫や閲覧室といった読書空間を備えた建物としての図書館により近いのは「文庫」であり、その内容と機能では近世の文庫は近代の図書館と同質の要素をもっていたといえる。こうした性格と機能の類似性があったからこそ、近代公共図書館が制度上に登場した際に、人々はそのコンセプトを受け入れることができたのであり、現在の日本図書館協会の創設時（一九〇七年）の名称が日本文庫協会だったことにもあらわれているように、読書施設としての図書館は主に「文庫」に対する概念を底流として受容されたと考えることができる。

基本的に武家のための文庫だった藩校付属の文庫を除き、一般庶民にも公開された文庫には、古来、神社に対する贄の一種として奉納されてきた図書を基礎として成立した神社文庫(3)が多くあった。神社は市井を離れて森林や山中にあるのが普通であるために火災の被害がまれで、冒すことができない神域として万人に崇敬されているため破壊や戦禍を受けることがなく、図書を保存して文庫を設けるのに適していた。神社文庫のなかには、神職である国学者による古典の収集・保存運動を起源とするものが多いことが指摘(4)されている。

小野則秋は、国学者の復古運動の結果として「古典への復帰、古典への憧憬が、やがて実践的には古典の蒐集、保存の運動に発展し、これら国学の流れを汲む人達によって数々の文庫が経営され(5)」たと解説しているが、国学はその方法として文献学としての性格が強く、原典となる文献の原初の形を明らかにするために、同一文献のあらゆる写本を収集し比較する作業や、同時代のほかの文献を参照してそこでの用例によって原典を解釈する作業が常に発生する。そこで、国学者の周辺には常に多数の文献が収集・保存されていなければならず、国学の学習機関は、教授のための施設である以前に、文献を収集して保管する文庫の機能をもった施設でなければならなかった(6)。

そのため国学の展開されていくところに文庫設立運動を伴うことが多く、国学系の学問所の開設に伴って文庫を設ける例が多くあった。近代以前に存在した文庫のなかで近代の図書館に発展する可能性が最も高かったのは、この「国学者文庫」だったと考えられる。

そうしたなかで、福岡藩（筑前国）では、一八一八年（文政元年）に櫛田文庫（桜雲館）、三〇年（文政十三年）に桜井文庫（仰古館）、一九〇二年（明治三十五年）に福岡図書館と、一般に公開された庶民文庫と図書館が両方とも設立されていて、国学者文庫としての特徴を保ちながら、近代の図書館への連続と転換が実現している。

この福岡藩の事例から、近世の文庫が近代の図書館へとどう変化したのか、そこでなにが継続し、なにが転換したのかがわかる。

櫛田文庫の設立

櫛田文庫（桜雲館）とは、一八一八年（文政元年）、当時は福岡藩大目付だった岸田文平によって筑前博多の櫛田神社内に設けられ、一般に公開された文庫である。この文庫の存在を示す根拠のひとつに、岸田が残した以下の覚書がある。

○桜雲館取建の事　岸田文平覚書
御文庫取建神書等多く集り候はゞ神職の者共は勿論福博町家の若者共迄も及披見勧学の一助にも相成可申旨兼々井手勘七青柳勝次両名に存意篤と申含め置候処右両人等の肝煎にて櫛田社内に文庫一棟取立愈々寅六月廿九日上棟落成に相運び八月朔日より文庫開覧致事に相成其後書籍も追々相集り将に千巻にも相達し両市中若者共も閑々に参り合ひ閲覧致し候折柄読書に耽り家業怠り勝ちに相及び風紀面白からず候趣風聞有之候に付文政五年年十二月十六日限り文庫御取止めに相成候誠に遺憾千万に候条聊書附置候事
午年十二月　日(7)（文政五年十二月：引用者注）

これによると、計画の当初から、この文庫には櫛田神社の神職だけでなく町人（福博町家の若者たち）も対象とした「勧学」の目的があり、岸田の配下にあった町奉行兼寺社奉行の井手勘七、藩士で本居宣長門下の国学者青柳種信（勝次）を中心に設立を進めたことがわかる。

しかしその後、利用が盛んになってくると、市中の若者たちが「読書に耽り家業怠り勝ち」になり「風紀面白からず」という状況になったため、藩命で「御取止め」になったという。櫛田神社の神職だった天野恒久が残した「櫛田宮文庫創立始末書」には、この岸田文平の覚書のほか、文庫の管理運営についての藩からの申し渡しが記録されている。

天野土佐書籍寄進の儀に付別而致出精候旨相達候条文庫並鍵共々同人へ預け申付一切受持に相立候条書籍拝借の者は同人へ引合可申候且又文庫損等出来候はば取繕等閑無之様に相心得可申候事

巳ノ八月[8]（文政四年八月：引用者注）

これによれば、天野が文庫の実質的な管理責任者であり、博多の町人に対しても図書の公開や貸し出しがおこなわれていたことがわかる。

また、この申渡とは別に「櫛田文庫出納之定」というものもあり、そこには寄贈図書の受け入れと台帳への記入、図書の借用手続き、借用期間、図書の破損・紛失の際の弁償手続きなどの規定がある。[9]櫛田文庫が蔵書の保存と収集だけでなく、個人への貸し出しなど積極的な利用を前提として運営されていたことがわかるが、これによると、蔵書を借用する資格があるのは、図書を寄進した者に加えて「津中産子」（博多津の町人）であり、寄進者以外の「津中産子」は借用書に町年寄の保証が必要だった。また、「御家中其外高貴の御方たりとも寄進無之候御方の借用をば堅く可為断候事」とあるところからみれば、同時期に存在した福岡藩の藩校文庫とは一線を画し、武士階級の利用が制限されるほどに町人に対して開かれ、実際に彼らに利用されていた文庫だったことがわかる。

学問所としての文庫の設立

ところが「櫛田宮文庫創立始末書」のその後の記録によると、文庫の運営が軌道に乗ったと思われる一八二二年（文政五年）四月二十七日に、博多年行司から「書籍手入所」増築の願いが出されている。この「書籍手入所」とは文庫とは別棟の建物で、事務室・閲覧室・教室を兼ねたようなものだった。まず櫛田神社を管理していた東長寺に対して、この建築費を「櫛田造営料」として積立金から支出するよう願いが出され、それが五月三日に許可されたあと、次に町奉行所に対して七月四日に建築許可の願書を提出、七月十六日に許可され八月二十日に建築開始、八月二十九日に建築費支給、十一月二十日に落成届出がなされている。

菊池租はこの「書籍手入所」の増築について、「櫛田社御文庫並書籍手入所始末書」という史料を根拠に、「書籍手入所」という呼称はのちに書き換えられたもので、もともとは「学問所」の増築願だったこと、さらに、一八二二年（文政五年）三月に町奉行所に提出された願書にも「兼而存立居申候学問所早々御社内に建立仕度」とあるように、天野、井手、青柳など文庫創設の関係者は、櫛田文庫を蔵書の公開・閲覧だけでなく、講義もおこなわれる学問所として設立・運営する計画をもっていて、施設完成後の文庫の名称として「桜雲館」を予定していたことを明らかにしている。(10)

二二年（文政五年）四月に町奉行所に提出された増築願の原案には次のような記述がある。

追々書籍相集り候に付御社内に欠略葺にて二間に五間の学問所御仕調被仰付被為下候はば社家中生立候者書学相励せ度且は虫干猶又書籍暫時拝借之仁差控被仕候便にも可成と奉存上候条櫛田御造営料之内より六銭三貫目御渡被仰付被為下候はば難有仕合せに奉存上候(11)

文庫の蔵書もだんだん集まってきたので、二間に五間（約三十二平方メートル）の広さの学問所を増設し、神職にもさらに学ばせて、蔵書の虫干しなどの際にも利用できるようにしたいという旨を述べているが、この四月の増築願には語句の訂正の書き入れがあり、「学問所」が「書籍手入所」に、「書学相励せ度且は虫干猶」が「稽古之場所にも仕次には」に改められたうえで提出されていて、五月三日に書籍手入所としての建築許可を受けている。(12)

一八二二年（文政五年）十一月二十日に落成届出が出された「書籍手入所」が内実は「学問所」だったのなら、この櫛田文庫は、近代の図書館のような読書施設であるよりも、蔵書を使って学問をするための学問所の性格が強かったと考えられる。

「櫛田社御文庫並書籍手入所始末書」には、一八年（文政元年）八月の「文庫開」についても次のような記事がある。

御文庫開之神書講釈一七日仕候処諸人群集成大拝聞講釈中に書物寄進掛札彌に相成申候四日之夕次第御座候而仏道を大にうち申候処拝聞之諸人感悦然るに五日に先生より夜前講釈に仏道う

ち候よしに而御教示之手紙参別紙有之[13]

「文庫開」といっても蔵書の閲覧開始ではなく、七日間の連続講義がおこなわれている。設立時にはまだ「書籍手入所」は増築されていなかったので「神書講釈」は文庫の施設内でおこなわれたと考えられ、櫛田文庫そのものが当初から国学系の学問所として開設され、その機能を果たしていたことがわかる。文庫開設を記念したこの連続講義の効果で図書の寄進が増え、蔵書が充実していく。

また、ここには「仏道を大にうち申候処拝聞之諸人感悦」と講義の様子が記されているが、菊池によると、この「仏道を大にうち申候」という講義は、天野ら櫛田社神職による神道復興運動、当時の藩の宗教行政の建前である神社内に神と仏が並存する両部神道体制に対するレジスタンスの一環だったという。そして、その後も櫛田神社のこのような神仏分離、仏教排撃の思想運動に、文庫に集まった博多の青年たちが共鳴するような状況になったことが藩にとって「風紀面白からず」として「御取止め」の原因[14]になったのではないかとしている。神道復興運動の拠点だったかどうかは別にしても、櫛田文庫が単なる読書施設ではなく、国学を中心とした学問所だったことがここにあらわれている。

学問所としての櫛田文庫の設立は、藩の学問興隆政策の一環でもあった。春山育次郎は櫛田文庫設立の背景について、「当時の天下通有の弊習として筑前大小の神職または概ね古来の慣例を守り形式上の祭祀を行ふに止り、国学神典の知識の如きは極めて乏しきを常とせしが、天明寛政の頃以来一般文学の興隆に随ひ神職また斯の如く無学文盲を以て止むべからざるの説行はれ[15]」と解説しているが、この「天明寛政の頃以来」の「文学の興隆」とは、一七八三年（天明三年）の「家中の諸士ニ相達趣」（以下、「学問所達」と表記）と、翌八四年（天明四年）の藩校としての東学問所修猷館、西学問所甘棠館の設立に代表される藩の文教政策のことをさしている。「櫛田社御文庫並書籍手入所始末書」には、文庫設立の経緯に関して「近年御先君様御思召を御当君様為請次[16]」とあり、この「御当君様」が櫛田文庫開設当時の黒田家当主・齊清（十代）であるとすれば、「御先君様」は「学問所達」を出し、藩校を設立した齊隆（九代）ということになる。

齊隆在任中に発せられた「学問所達」と東西の学問所の開設（一七八四年〔天明四年〕）に際しての記録には次のように書いてある。

諸士中間々恥を不弁心得違出来候根元ハ多ハ稽古事ニも不心掛自由相暮候故文盲懦弱ニ而道筋を不存より事起り申儀に候（略）此節右之御遺意を請学問稽古所両所ニ被相立有限面々を初末々迄致指南候様儒者役之面々え仰付置候[17]

凡諸士の輩間々恥辱を不省礼節を失ふにいたるハ全く文盲懦弱にて筋道を弁さるより事起れハ学館を造営し給ひ国家の風儀を正し給ハんと既に治之治高共に其の志願おハしけれ共果さすして棄世し給ひぬ長畗幼年にて襲封し給ひ暫く滞府し給へハおのつから家中の諸士文武の修行も怠惰にや至らんと老臣等深く思惟し長畗の意を受また治之治高の遺意にもとつき此度新に学問所造営有りし所也[18]

藩士の「文盲懦弱」を矯正し、十分な教育を施すために先々代からの念願だった学問所の設立を実現したのが齊隆だったことがわかるが、この齊隆の遺志を、さらに一般庶民にまで及ぼそうとしたのが、第十代藩主・齊清による櫛田文庫の設立だったといえる。庶民を対象にした福岡藩の育英事業としては、宝暦・明和期（一七五一―七一年）の遠賀・鞍手・宗像三郡の郡奉行島井市太夫が、勧学のために募金によって数千巻の書籍を購入して一般に公開していたという事例[19]がある。この庶民文庫は、その後、寛政期になって「百姓にして学問すれば必ず役人に悖戻するものとなる、されば、百姓に書を読ましむるは以ての外の事なり」として廃止され、書籍は福岡城の矢倉に納めて借覧が禁じられた。これがのちに「郡本」と称されて東学問所の蔵書の一部になったとされている[20]。

先代の齊隆によって東西の学問所は設立されたが、自身の代で遠賀・鞍手・宗像三郡の庶民文庫を閉鎖したということも、齊清が庶民を対象とした櫛田文庫を設ける契機になったのではないだろうか。齊隆は一橋家の出身で徳川光圀を敬慕して自身も国学を学んでいて[21]、また東学問所でもすでに国学（和学）が教授されていた[22]ところからすれば、国学を中心とした学問所の設置については、当時の藩内で賛同を集めやすかったと思える。

しかし櫛田文庫は結局、神職を中心とした神道復興運動の拠点となってしまい、東学問所修猷館、西学問所甘棠館に匹敵するような学問所・桜雲館として発展させることができなかった。典型的な「国学者文庫」だった櫛田文庫は、藩の文教政策の一環として開設され、蔵書の貸し出しを含めて一般庶民に広く公開された文庫として機能するとともに、当初から学問所として発展することを期待されたた施設だったといえる。だが、櫛田文庫が学問所として存続できなかった原因のひとつに、以下のような藩の宗教政策のゆれがあったといえる。

福岡藩の宗教政策と桜井文庫

福岡藩の神社支配は、幕府の基本方針に沿った両部神道体制を建前としているが、時期によっては必ずしもそれが一貫していない。一七四四年（延享元年）に、中世以来途絶えていた香椎宮奉幣使（仲哀天皇・神功皇后を主祭神として朝廷からの尊崇が厚く、神祇官から直接幣帛の奉献を受ける勅祭社である香椎宮への奉幣の儀式）が再興された際、吉田流神道の宗家吉田家の指導によって、完全に仏教色を排した唯一神道の祭式によって奉幣がおこなわれた。これ以後、香椎宮では両部神道ではなく唯一神道の祭式が用いられるようになり、社僧と神職との間に対立が生じた。そこで藩は、一八一六年（文化十三年）に、住吉社などそれまで両部神道によって奉祀してきたほかの神社でも神社内に両部神道（社僧）と唯一神道（社人）の両立を認め、従来は社僧優位だった神社支配を変更して各社の大宮司を寺社奉行の直支配とし、大宮司に神職を支配させる「神仏両輪社檀仕法替」[23]をおこなった。このように、福岡藩で神道優遇政策がおこなわれたことは、一七四四年（延享元年）、一八〇四年（文化元年）、六四年（元治元年）と三度にわたる香椎宮奉幣使を受け入れたことによる神道（排仏）思想の広がりとともに、藩内での国学の普及が背景にあるが、櫛田文庫や桜井文庫など国学者による文庫設立が進んだことや、櫛田文庫が社僧と社人の対立のはざまで「御取止め」になったことは、藩の宗教政策の影響を受けたものだった。

一八一六年（文化十三年）からの「神仏両輪社檀仕法替」を推進したのは、当時の寺社奉行（町奉行兼務）の井手勘七だった。[24]井手はこの「仕法替」政策を進めながら、その二年後の一八年（文政元年）には、大目付岸田文平の指示のもと櫛田文庫の設立に携わっている。そして、櫛田文庫が「御取止め」になったあと、それに代わるように、志摩郡桜井村の与土姫神社（以下、桜井神社と表記）に、三〇年（文政十三年）、桜井文庫（仰古館）が設けられるのだが、これにも井手は、もと寺社奉行として、国学者の青柳種信とともに深く関わっている。

では、なぜ桜井神社に文庫が設けられたのだろうか。それは、桜井神社が筑前国の神社のなかで特例的に唯一神道によって奉祀されている神社だったからである。

桜井神社は、第二代藩主・忠之の個人的な信仰に基づいて創建されたもので、歴代藩主の厚遇を受けた神社である。一六三二年（寛永九年）の神殿創設の際には、京の吉田家から吉田治忠を招聘して神事をおこなわせ、社号を与土姫大明神と定めた。そして、土地の郷士の浦毎成を吉田家に派遣して吉田流の神事を学ばせ、以来、浦氏を宮司とした。しかし、創建当初は両部神道の祭式によっていたため、境内には仏堂もあり、社僧も奉仕していた。[25]そこで三代藩主・光之は、七二年（寛文十二年）に、境内にあった仏教関係施設をすべて撤去し、社僧を罷免して、以後、もっぱら唯一神道の祭式で奉祀する神社とした。また、あわせて宮司の浦氏を国中神職の総司とした。

このときの桜井神社の唯一神道化は、当時としても異例の決断だったといえる。廣渡正利は、桜井神社は社僧が属する本山との関係が浅く、配慮の必要がなかったため、唯一神道化が容易な状況にあった[26]としているが、領国内の神社の祭式は藩主の裁量によるとはいえ、幕府が仏教の尊重に伴って両部神道を許容する方針を示していて、また、社僧を派遣している真言宗や天台宗の本山との関係もあって、祭式を両部神道から唯一神道に変更することは、当時としてもかなり困難だったようである。桜井神社の場合は、前藩主が創立したものであり、創建の日も浅かったために唯一神道化が可能だった。

桜井神社は一六七二年（寛文十二年）以来、唯一神道による神社として、藩主との深いつながりを保ちながら存続してきていた。櫛田文庫（桜雲館）が神職と社僧との対立の結果「御取止め」になったあと、青柳と井手の画策によって新たな文庫（学問所）が設けられるのだが[27]、その場所としては、社僧がいない唯一神道社であり、藩との結び付きが強い桜井神社が適しているという判断があったものと思われる。

桜井文庫（仰古館）設立を発起したのは桜井神社第八代大宮司の浦毎保であり、建物を完成したのは次代の毎賢だが、協力者には、青柳種信と井手勘七のほか、青柳門下の国学者でのちに『大宰管内志』を著した神官伊藤常足がいた。

『仰古館書籍奉納姓名録』の序文には、桜井文庫創設の経緯について次のように記してある。

かねてよりこの大御屋しろのかたへに御書殿と物まねふところをつくらまほしくおもひをれしかとさるたつきなくてとし月をすくい給へりしをいにし文政の八とせというのに真砂院の君おましところなりし殿をしも賜はり（略）そこなる商人なととりとりにめつらかなるふみ共をささけまつりぬ又この毎賢ぬしの預り司り玉へるかきりのみや人ともの物まなひのために月こと

に書よみ問あきらむへき日をきはめおきて必すとひ来つつ勤め（略）この学ひの道のおやとある青柳種信の翁古事記の端ことはをよみとき玉ひて開講の式いとゐやゐやしくことをはりぬ(28)

これによれば、文庫（御書殿）と学問所（物まねふところ）は最初から同時に設立されたようであり、講義も毎月おこなわれ、開講式では青柳種信が自ら『古事記』を講じている。青柳種信から伊藤常足に宛てた書状（福岡県立図書館所蔵）には、

桜井文庫成就ニ相成近日文庫開ヲ致度由ニテ毎月一度宛下儀罷越致講談呉候様噂御座候へバ御存之通受持筋多用ニ而難承（略）殊ニ老年ニ相成遠路度々相越候儀ハ何分難渋ニ御座候就夫貴君へ御相談申度存寄居申候いづれ前々は御引越御世話御座候様致度候

とあり、青柳は桜井文庫での毎月の講義の担当を伊藤と交代すべく相談しているが、実際に青柳はしばらくこの講義を続け、青柳の没後に伊藤が引き継いでいる。

このように、桜井文庫は開設当初から学問所仰古館として運営されていたことがわかる。桜井文庫には、その後も宮司の浦氏や青柳種信、伊藤常足など国学者ばかりでなく、黒田家から、また一般の志摩郡民からの図書の奉納（寄贈）が続き、櫛田文庫のように「御取止め」となることなく、伊藤常足の没後も学問所として長く存続した。

文庫と学問所の概念の未分化

文庫と学問所の概念が未分化であることは、近世の庶民文庫の特徴のひとつだったと考えられる。以上の福岡藩の事例のほかにも、上野国勢多郡原之郷村の蓼園社の「ほミくら」（一八四一年設立[29]）や、三河国渥美郡羽田野郷の羽田八幡宮文庫（一八四八年設立[30]）、伊勢国飯野郡射和村の射和文庫（一八五四年設立[31]）など、近世に一般公開された文庫の多くが学問所的な施設を併設して講義などもおこなっていたことが明らかにされている。

桜井文庫（仰古館）は明治期まで存続していたといわれているが[32]、福岡藩では、旧藩の育英事業の一環として、学問所を兼ねた公開文庫を整備しようとする意向が、明治期以降にも継続していたと思われる。そして、それを実現したのが、一九〇二（明治三十五年）の福岡図書館の設立である。

2　近代図書館としての福岡図書館の成立

福岡図書館成立の背景

一九〇二年（明治三十五年）から一七年（大正六年）まで福岡市内に存在した福岡図書館については筑紫豊が初めて詳しく紹介したが[33]、その成立の背景や歴史的意義については、まだ完全に明らかにされているとは言いがたい。大型の私立図書館が全国で勃興した〇〇年前後（明治三十年代）に、九州で唯一本格的な私立図書館として福岡に開館した福岡図書館は、その設立の経緯から、近世の公開文庫から近代の公共図書館へと継続していく過渡期の存在と位置づけることができる。その概要は開館式の直前に掲載された以下の新聞記事によってほぼ明らかである。

我福岡市は九州唯一の大都市にして特に近来其発達頗る見る可きものあるにも拘はらず図書館の設置あらざるより廣瀬玄鋹氏は夙に之を慨し私かに之が設立を企計中明治三十二年十月図書館令の発布ありたるより断然志を決し長倉視学官隈本有尚森本清蔵江藤正澄海妻甘蔵松田敏足宗盛年氏等の賛助を得て遂に之が設立を発起し三十三年一月京都を経て東京に上り深野知事の尽力をも煩はし文部宮内両省に出頭し具さに設立の冀望陳述して書籍の下付を請願し且東京帝国図書館に至り其組織方法等を研究すると共に黒田家及氏が同族千家東京府知事並に福岡出身の有力者等の間を奔走して尽力を請ひ滞在一ヶ月許にして文部省より百五冊の下付と黒田家より十三部三百七十余冊の寄贈を得尚且大日本史等を購入して帰福し之に氏が自己所持の三百余冊を合し茲に一基礎を据ゆるを得たれば氏は大に勢を得県下に於て始めて会員の募集に着手（略）館は終に本年三月に至り工事竣成を告ぐるに至り尚ほ書籍も九月には宮内省よりの御下賜もあり追々保管寄贈等を申込むものも多く之れに買入れ書籍を合すれば同月末の現在は和書一万四千五百十五冊漢書一万七千五百十八冊洋書千二百十五冊雑誌七十九種新聞紙十一種にして合計三万三千余冊に上り開館の準備は一通り整ひ（略）愈よ明後十七日開館式を挙行するに至りし者なりと云(34)

福岡図書館は、出雲大社教福岡分院の分院長だった廣瀬玄鋹が、一九〇二年（明治三十五年）に福岡分院の境内に設立した私立図書館で、開館当初の蔵書数は和漢・洋書を合わせて約三万三千冊、開館六年目には七万冊を超えた。二階建ての主屋にのち（一九〇八年〔明治四十一年〕頃）に増築された二階建ての別屋があり、開館から閉館までのおよそ十六年間で延べ約三万人の利用が記録[35]されている。

創設者の廣瀬玄鋹は島根県簸川郡の出身で出雲大社の社家の家系にあたる。廣瀬家が出雲大社教宣布の九州布教区を担当していたところから、福岡藩の長崎勤番家老吉田家（吉田一畝）の誘引と庇護によって福岡に着任し、一八九七年（明治三十年）に旧吉田家屋敷地に大社教福岡分院を開いている[36]。そして、九九年（明治三十二年）の図書館令の公布を契機として図書館の設立を発案し、周囲の有力者の賛同を得て図書や設立資金の寄付を集めて図書館開館に至った。一九〇二年（明治三十五年）十月十七日、福岡城の濠端、荒戸町の出雲大社教福岡分院の境内でおこなわれた福岡図書館の開館式の様子を伝える新聞記事によると、開館式に出席したのは約三百人で、市長以下福岡の名士が顔をそろえ、秋晴れの下、祝辞に続いて祝いの長歌の朗読や庭園での昼餐が催されて、なかなかの盛会[37]だったようである。

福岡図書館をめぐる国学者ネットワーク

この開館式で述べられた祝辞の原稿や歌、寄せられた書簡などが、のちに廣瀬玄鋹本人によって

『孝』『悌』『忠』『信』という巻子四巻にまとめられて現存[38]している。『孝』には、廣瀬による開館の祝詞と祝辞が全部で十四編、『悌』には祝辞・書簡などを二十三編と廣瀬の答辞、『忠』と『信』には「寄書祝」として全国から寄せられた題詠の和歌の短冊や絵などを百二十四編収めている。

祝辞や書簡を中心に、このとき祝意を寄せた主な人物をみると、おのずと以下のグループに類別され、ここから福岡図書館設立に関わった人々の関係をうかがうことができる。

〔大社教〕千家尊紀、千家尊愛、千家尊弘
〔福岡藩〕宗盛年、海妻甘蔵、高原謙次郎、津田清長、山口方策、松下直美
〔国学者〕江藤正澄、海妻甘蔵、松田敏足、井上頼国、富岡鉄斎
〔図書館〕和田萬吉、岩松四郎
〔県・県教育会〕深野一三、長倉雄平、園田定太郎

図書館設立の直接の契機については、海妻甘蔵が祝辞で次のように述べている。

今を距ること七年歳次丙申孟春予廣瀬社司を訪う社司置酒す予が語図書館に及ぶ暗に社司の素懐に適す社司大いに喜び直に江藤六位を招く会々松田教正来る討議周密予算粗定まる社司奮励巧思六位教正周旋懇至是に於いて翼賛谷量斯の盛挙をなす[39]

これによると、福岡図書館は、廣瀬と海妻、江藤、松田という廣瀬の近親のグループの発案によって設立したということがわかる。海妻甘蔵、江藤正澄、松田敏足は、それぞれ若い頃から活躍している当時の福岡の有力者だったが[40]、これに設立者の廣瀬も加えた四人の共通点を探すならば、いずれも神官であり国学者だったことがあげられる。そして、国学者としてのこのつながりによって、当時の中央の代表的国学者だった井上頼国や富岡鉄斎が開館式に祝辞を寄せたと考えられる。

代々の出雲大社の社家であり、大社教の全国拡大に伴って九州を統括する福岡分院長として福岡にきて、分院を開いて五年目という廣瀬（四十七歳）、廣瀬の発案に当時の福岡藩の代表的な国学者ですでに老齢を迎えていた海妻（七十八歳）と、青柳種信門下で廣瀬が終生兄事して学問的にも大きな影響を受けたとされる江藤（六十六歳）、平田派の国学者であり「博多新聞」などを起こしたジャーナリストでもあった松田（六十五歳）という四人によって図書館設立の計画が生まれる。このような国学者のネットワークが当時の福岡に存在していたからこそ、図書館の設立という発案に対して比較的好意的な協力が実現し、また開館後の出資会員を含めた賛助者についても、その募集が成功したと思われる。

一九〇二年の私立図書館の勃興

ところで、福岡図書館が開館した一九〇二年（明治三十五年）という年は、日本の図書館史では特別な時期でもあった。日清戦争後の一八九七年（明治三十年）前後から、いわゆる一等国意識や一等国国民の意識の高揚によって、それ以前に比べて「読書」に対する社会的関心が急激に高まったとされている。[41] また、それに伴い、九九年（明治三十二年）に図書館令が公布されたことを契機として図書館への関心も高まっていた。特に都市部に大規模な私立の図書館が続々とつくられたところにこの時期の特徴があり、南葵文庫（一八九九年〔明治三十二年〕・東京）、成田図書館（一九〇一年〔明治三十四年〕・千葉）、大橋図書館（一九〇二年〔明治三十五年〕・東京）などが開館した。従来これらの図書館については、開館以前に設立者が外遊し、当時欧米で盛んだった公共図書館に直接接したことが契機となって、私費を投じて設立されたことが共通点といえる。石井敦はこのことについて「日本の社会の近代化に伴う内部矛盾の顕在化を恐れた上流階層の一種の慈恵的思想のあらわれ」[42]と評しているが、私立だったために当時の欧米の図書館サービスをより直接的に導入し、開架式や無料公開、講座や講演会、展覧会なども実施していた。

ところが、日露戦争後の一九〇五年（明治三十八年）になると図書館をめぐる状況が一変する。いわゆる地方改良運動の推進によって内務省主導の図書館整備が進められ、その影響下での図書館設立が急増する。地方改良運動では、国家の基礎としての地方自治体を帝国主義国家としての日本を支えるものに改編することをめざしていたが、そのなかで、青年団や教育会とともに、図書館も民衆教化推進拠点のひとつと位置づけられて整備が進められる。この影響によって、一八九〇年以来ほぼ横ばいだった図書館数が一九一〇年（明治四十三年）から二〇年までの間に約五倍の千六百四十館になり、三〇年（昭和五年）には四千館を超えている。[43] これは県―郡―町村の中央集権機構を通じて、いわば上から指導的に図書館の整備が進められた結果であり、これ以後、地域社会での図書館の設置や運営が、全国的にこの運動の強い影響の下でおこなわれるようになる。

福岡図書館が開館した一九〇二年（明治三十五年）は、図書館令の公布と地方改良運動の開始の間にあって、政策の影響によるものではない、当時の一般社会の図書館に対する期待が率直に反映されたつかの間の時期だったといえる。当時、特に都市部では確かに図書館を要請する社会的な雰囲気があった。「九州大学において数十万金を支出し得たる位の吾県が、一図書館を設立するは決して難しとせざる也、否一図書館位ひは、県の位地より見るもこれを設立し置きて然るべきことならずや」[44]などという記事が福岡の新聞にも出たが、福岡だけでなく横浜や長野、新潟など全国各地の主要都市で、いわば都市の体面上からも図書館が必要であるというような趣旨の新聞記事がしばしばみられる。[45]このことは、一定以上の規模の都市には都市施設として図書館が必要という認識が一般的に成立していたことをうかがわせる。このような機運に後押しされたことも、福岡図書館が成立しえた条件のひとつになったといえる。

国学者文庫としての福岡図書館

しかし、福岡図書館については、同時期に成立したほかの私立図書館とは異なり、設立者が欧米の公共図書館に接したことを契機として私費を投じてつくられたものではなく、福岡に存在した国学者のネットワークのなかから発生したところに特徴がみられる。福岡（筑前国）で国学が盛んになった淵源は、先にあげたように、本居宣長の直接の弟子であり、伊能忠敬や松平定信とも交流があった全国的に著名な国学者・青柳種信が福岡藩士だったことによるが、[46]青柳以後もその門下を中心に士民を問わず国学が広まり、[47]それが明治期にも継続していた。

図書館の設立に中心的な役割を果たしたのは、青柳門下の国学者・神官でありながら、公園の整備や午砲会社の設立など多方面の事業を手掛けた明治期の福岡の代表的な社会事業家だった江藤正澄であり、それにお墨付きを与えたのは、藩の碩学の海妻甘蔵だった。江藤と海妻は、出雲大社教という組織を背景にもち、分院という比較的自由に活用できる施設を有していた廣瀬を設立者として担いだということになる。

福岡図書館が「文庫」ではなく「図書館」という名称を用いたのは、廣瀬が設立準備の資金や図書の調達のために京都と東京に上った際、京都府立図書館を経て東京帝国大学図書館や帝国図書館を訪れて、当時の代表的な図書館学者だった東京帝国大学図書館長の和田萬吉に図書館の管理運営方法について指導を受けたことによる。廣瀬は和田に対してそのあとも常に尊敬を払っていたといわれているが、[48]九州初の本格的図書館としての期待を負って設立されたことで、新時代にふさわしい「図書館」としての運営をめざしたものと思われる。しかし、福岡図書館に対する地域社会の期待と求められる機能については近世の文庫と共通している。その一面が旧藩(黒田家)との関係である。

福岡藩(黒田家)と福岡図書館

出雲の廣瀬家と福岡藩家老の吉田家とのつながりを端緒として、廣瀬玄鋹の福岡での後見人ともいうべき吉田一畝や、祝辞を寄せている宗盛年、高原謙次郎、津田清長、山口方策、松下直美らの支持、また開館にあたっての黒田家からの図書の寄贈など、先の国学者グループとはまた違った期待が、これら旧藩関係者から福岡図書館に対して寄せられていた。これを端的にあらわしているのが、東学問所修猷館の教授だった宗盛年による祝辞である。

旧藩既に廃し耆宿凋落し館書も亦散佚して人家図書を多貯するなし博覧以て疑義を質さんと欲する者考証するに由無し往事を閲して奇功を奏せんと欲する者索求するに所を得ず貧生閑を偸んで以て学ばんと欲する者書を借るに所無し各々志を斎して嗟嘆するのみ(49)

前述のように旧福岡藩は、東西学問所の文庫や、のちに東学問所の「郡本」として収められた遠賀・鞍手・宗像郡の庶民文庫など、学問所に付属した文庫の経営には積極的だった。それが廃藩後に散逸したことに対し、それに代わる文庫の再興が望まれていた向きがあり、宗盛年の祝辞にはこのような意向があらわれている。

福岡図書館開館にあたって黒田家から寄贈された図書には、一八七一年（明治四年）の学問所の廃止に伴って、その文庫の蔵書が福岡県庁に引き継がれたものの残りが多く含まれていたと考えられるが、最後の藩主・黒田長溥から図書館開館当時の黒田家当主・長知にまで継続していた旧福岡藩の西洋化推進政策には、黒田家の全額支弁での中学修猷館の設立（一八八五年〔明治十八年〕）や子弟教育のための黒田奨学金の設置（一九一五年〔大正四年〕）など、旧藩内の学問の再興の意図が含まれていた。福岡図書館に対する積極的な援助や期待はこの一環であり、黒田家の意向は、福岡図書館の閉館とほぼ同時の一九一七年（大正六年）四月に発足した福岡県立図書館に対する支援にもつながっていったと考えられる。

学問所としての文庫観の継承

福岡図書館開館直後の一九〇二年（明治三十五年）十二月に出された「福岡図書館報」第二号に「図書館ノ要旨」として次のような文章がある。

凡ソ此社会ニ文明ノ普及教育ノ充実ヲ経画シテ其必要機関トアル者抑モ何カ有ル唯学校ト図書館ト有ルノミ然シテ学校ノ教育スル所小学ノ教育ニ止マッテ廃学スル者実ニ社会ノ十ノ七八ニ居ルヘシ其廃学者ヤ固ヨリ中等以下ノ生活ニ居ル者サレハ其問往々進取ノ志有リ偶マ休暇ヲ得読書ノ志有ルモ購書ノ資ナク志ヲ齎シナカラ遂ニ廃学ニ終リ実ニ歎慨云ヘカラス此歎慨ヲ援フ者独図書館アルノミ

凡ソ編輯事業ニ従ヒ或は事項ノ調査等に就テ古史古文書或ハ諸法令ノ条規内外ノ統計或ハ諸官庁ノ職員ナト彼是引書ヲ要スルニ其書籍ノ容易ニ閲覧シ能ハサル実ニ痛痒ニ遇ヒ手ノ及ハサル心地シテ遺憾此上無キ者ナリ如斯ノ際世人図書館ヲ利用スルヿヲ知ラハ忽チニ希望ヲ達シ痛快誠ニ云ヘカラサル也

凡ソ高等専門ノ学科ニ進マント欲スル者唯ニ教師ノ講義ノミニ安シテ他ニ進取ノ途ヲ求メサルハ是平々凡々ノ人物ノミ若シ其自読発明他ニ倍ス進歩ヲ謀ル者必ス休暇ノ日ニ図書館等ニ就テ博識ノ道ヲ画ラサルヲ得ス最モ是此館ノ学生ニ裨益スル所ナリ

（略）良善ノ友有テ図書館ニ遊フカ修身ノ書ナト繙キ忽チ前非ヲ悔ヒ心事ヲ翻カヘシ終身ノ幸福ヲ定ムルニ到ルサレハ図書館遊覧ノ風流行スル歟是実ニ社会風俗ヲ矯正スルノ一路ヲ開ク者ナリ[50]

これは実際に福岡図書館の運営にあたっていた廣瀬玄鋹の息子・玄愛によるものだが、ここでは図書館の社会的機能として「不足している学校教育を補うこと」「業務上の調査などのための資料や統計情報等を提供すること」「進学しようとする学生に学習のための図書を提供すること」「図書館の利用によって社会の風俗を矯正すること」をあげている。近世の庶民文庫の概念を残しながら、それを近代図書館の枠組みに当てはめたとき、「図書館ノ要旨」として、これらの機能が注目されたことがわかる。

福岡図書館が開館する二年前の一九〇〇年（明治三十三年）に、文部省から『図書館管理法』の初版が刊行されている。これは一八九九年（明治三十二年）の図書館令の公布と翌年の皇太子成婚の影響で当時各地に設立されつつあった図書館の管理運営のための参考書として書かれたものだが[51]、現存している旧福岡図書館の蔵書のなかにこの『図書館管理法』が含まれていることからすれば、これが福岡図書館設立時の廣瀬の図書館観にも影響を与えたと考えられる。ここでは「図書館の必要」として次のように述べている。

蓋し図書館ハ学校教育ノ及達セザル処ヲ補益シテ一国ノ教育ヲ完成スル者ナリ例バ学校教育ニ

テハ年齢ニ限リアリ教育ニ一定ノ法アリ従テ其教育ヲ受ル者比較的ニ少ク（高等教育ニ至テ殊ニ然リ）其及ボス所ノ範囲稍々狭ケレドモ図書館ニ至リテハ児童ヨリ大人ニ至ルマデ就テ智識ヲ広メ学問ヲ研究スルヲ得テ学校教育ノ足ラザル所、及バザル所を裨補シ又学校ト聯絡シ娯楽多クシテ有益ナル図書ヲ供給シテ其学科ヲ愉快ニ習得セシメ且読書ノ嗜好ヲ養成シ、稍々高尚ナル図書館ニテハ専門家ノ学術研究ヲ為ス者ノ為ニモ便益ヲ与フルコトヲ得ベシ、サレバ図書館ニテハ成ルベク種々ノ書ヲ備ヘ置ク時ハ来館者ハ各々其学力相當ノ図書ヲ取リ自修研究ヲ積ミ益々其智識ヲ進メ其職業ヲ精ウスルコトヲ得他日或ハ非常ノ人物モ出スコトアルベシ(52)

ここでは「図書館ハ学校教育ノ及達セザル処ヲ補益シテ一国ノ教育ヲ完成スル者」とし、図書館を学校教育を補完するものと位置づけたうえで、「学科ヲ愉快ニ習得」させること、「読書ノ嗜好ヲ養成」すること、「専門家ノ学術研究ヲ為ス者ノ為ニモ便益ヲ与フル」ことがその効用としてあげられていて、先の「図書館ノ要旨」への影響もうかがえる。

また、この「福岡図書館報」第二号には、雑録として「東京教育時報」（東京市教育会）の記事「図書館の必要」（坪屋善四郎）が転載されていて、その内容は、福岡図書館の「図書館ノ要件」との共通点が多い。

国家教育の必要機関として、学校と図書館とは相俟て始めて其効用を完ふす。学校は能く其校内に入り来る学生を教育すと雖も、学校外にあるものに対しては之を教育するに由なし。況や学校に在る者も、高等専門の学科を研究せんと欲する者は又一々教師の講義に待たず、進んで自ら多くの図書を渉猟し、依て以て自家の智識を涵養す。（略）要するに学校の教科外に書を読むことの必要を悟れば、学校以外に教育上図書館の必要は又多言を要せさる可し。書を読んで研究する者必ずしも学生のみに限らす（略）故に善く公衆の為めに図書を集めて縦覧に供する図書館の必要は益々明らかなり。啻に教育上、若しくは各人の研究の為めのみならず、世人日常数しば遭遇する調査事項の為めにも、何人も家に万種の調査書を蔵する能はざるが故に、直に図書館に就て之を知るの必要は極めて多し（略）世俗を撓正するの道、図書館設立の外なきなり。図書館の効益此の如く大なり。故に欧米の文明国には、何れの都会にも公私立の図書館あらさるなく、啻に都会のみならす、田舎の村落に至るまで、土地相応の図書館を設け、古今の図書を備へて公衆の縦覧に供し、其の利益を社会に与ふること学校と伯仲す(53)

この「坪屋善四郎」とは、出版社・博文館の社員という立場で大橋図書館の開館に携わり、のちには同館の館長も務めた坪谷善四郎のことと思われるが、冒頭に「国家教育の必要機関として、学校と図書館とは相待て始めて其効用を完ふす」とあり、ここでも図書館を学校教育を補う機関と位置づけ、さらに日常の調査事項のための資料を提供することと世俗を矯正することを「図書館の効益」としてあげている。

福岡図書館が開館した一九〇二年（明治三十五年）は、博文館の社主・大橋父子による大橋図書館が東京に開館した年でもある。当時大橋図書館の理事で東京市会議員でもあった坪谷善四郎と廣瀬玄鋹や玄愛との交流は明らかではないが、国学者文庫の特徴を残した福岡図書館の図書館観が大橋図書館のそれと共通しているということは、近世の文庫に対する概念が近代の図書館の底流として存在しているうえに、それと矛盾しない形で、図書館という存在が、明治期の日本社会が共有する概念として新たに形づくられたことを示している。

文部省の『図書館管理法』にもあらわれていた、図書館を学校教育を補うものと捉える図書館観は、一八七五年（明治八年）開館の東京書籍館に始まる公立書籍館政策の基本理念[54]であるとともに、櫛田文庫や桜井文庫などのように、学問所と未分化だった近世の庶民文庫についての概念とも矛盾しない。

近代日本の、学校教育を補完する機関としての図書館観は、その底流として「文庫」と「学問所」の概念が未分化だった近世の文庫観が継承されて形成されたことがわかる。そして、このような図書館理解は、明治初期の政策のなかで、選択的に導入されたものである。次章でこのことについて検証する。

注

(1) 小川徹「前近代における図書館史はどう描けるのか――方法としての「図書館文化史」私考」、日本図書館文化史研究会編「図書館文化史研究」第十三号、日外アソシエーツ、一九九六年、一ページ

(2) 松宮秀治「明治期の博物館政策」、西川長夫／松宮秀治編『幕末・明治期の国民国家形成と文化変

容』所収、新曜社、一九九五年、二五五―二五七ページ
（3）小野則秋『日本文庫史研究』下、臨川書店、一九八〇年、三三一ページ
（4）同書三三六ページ
（5）同書三三六ページ
（6）本居宣長は『玉勝間』で「めずらしき書をえたらむには、したしきもうときも、同じこゝろざしならむ人には、かたみにやすく借して、見せもし寫させもして、世にひろくせまほしきわざなるを、人には見せず、おのれひとり見て、ほこらむとするは、いとく〱心ぎたなく、物まなぶ人のあるまじきこと也」と、国学者の間では互いの蔵書の公開と貸借が必要であることを説いている（本居宣長、村岡典嗣編『本居宣長全集』第一巻、岩波書店、一九四二年、七〇―七一ページ）。
（7）岸田信敏編「岸田系譜補遺」（福岡県立図書館所蔵）所収
（8）天野恒久「櫛田宮文庫創立始末書」（福岡県立図書館所蔵）
（9）これは十三条からなる文庫の運用規定で、以下の内容が定められている。
一、文庫の鍵は天野と博多年行司が一箇ずつ預かり、出納の際は天野の鍵を使うこと
一、寄贈図書は神前に供え、祈禱のうえ寄贈者には御守札を渡すこと
一、図書が奉納されたら神庫印を捺し、台帳に寄進者名と年月日を記入して神庫に納めること
一、年一回七月中に宮世話人立会いの上図書の虫干しをすること
一、借用の際は天野に申し出て借用証を提出の上借出すること
一、借用の資格があるのは津中産子及び図書寄進者であり、また貸しは禁止であること
一、図書寄進者でない津中産子が借用する場合は借用書に町年寄の保証印が必要であること
一、貸出の時期は二月朔日から六月二十九日までと八月朔日から十一月十五日までとすること

一、貸出期間は三十日とし、冊数の多いものは数冊ずつ取替えて貸出し、返却延滞者は貸出を断ること

一、表紙の破損や糸切れ墨汚れ鼠切等の軽微の破損は借用者が修理して返却し、破損が甚大な場合は新本を返納すること

一、管理不十分のため紛失した場合は天野が弁償すること

一、主管者の天野は常時施設の破損や雨漏り等を監視し、破損については年行司や宮世話人に連絡の上修理すること

一、災害時には速やかに対処すること

(10) 菊池租「櫛田文庫顚末」、西日本図書館学会編「図書館学」第四号、西日本図書館学会、一九五六年、二二一ページ

(11) 文政五年七月町奉行所提出の願書(「櫛田社御文庫並書籍手入所始末書」(福岡県立図書館所蔵)所収)。

(12) 同史料

(13) 前掲「櫛田社御文庫並書籍手入所始末書」

(14) 前掲「櫛田文庫顚末」二二二ページ

(15) 春山育次郎「県社櫛田神社社誌稿本」(福岡県立図書館所蔵)

(16) 前掲「櫛田社御文庫並書籍手入所始末書」

(17) 川添昭二/福岡古文書を読む会校訂『新訂黒田家譜』第五巻、文献出版、一九八三年、一六二ページ

(18) 同書一六七ページ

(19) 福岡県若松市役所編『若松市史 複刻版』名著出版、一九七四年、三七六ページ。このことについて文部省編『日本教育史資料』第八巻（冨山房、一八九〇年）六ページでは、旧福岡藩による平民の子弟教育方法の事例として以下のように紹介している。
「前時遠賀鞍手宗像三郡私ニ金ヲ醵シ書ヲ贖ヒ農民ニ学ヲ勧シニ明和中奉行民ノ文学ハ風俗ヲ害ストテ其書ヲ収テ学校ニ附ス是ヨリ禁不禁ノ間ニ置ク」
(20) 同書
(21) 前掲『新訂黒田家譜』第五巻、二七三ページ
(22)「東学問所教則」、前掲『日本教育史資料』第八巻所収、一〇ページ
(23)「第3章 宗教」、西日本文化協会編『福岡県史 通史編 福岡藩文化』上所収、福岡県、一九九三年、六二五―六二六ページ
(24) 井手は一八〇四年（文化元年）の香椎宮奉幣使受け入れの際も青柳種信とともにこれを担当していて、国学や神道に通じた藩士として著名だった。
(25) 前掲『福岡県史 通史編 福岡藩文化』上、五五一ページ
(26) 同書六一七ページ
(27) 筑紫豊「桜井文庫（仰古館）について」、西日本図書館学会編「図書館学」第十二号、西日本図書館学会、一九六四年、四九〇ページ
(28)『仰古館書籍奉納姓名録』（福岡市博物館所蔵）
(29) 高橋敏『近世村落生活文化史序説――上野国原之郷村の研究』未来社、一九九〇年
(30) 田崎哲郎「羽田八幡宮文庫をつくった人々」、日本歴史学会編「日本歴史」第五百号、吉川弘文館、一九九〇年

(31) 植松安「射和文庫について」、日本図書館協会図書館雑誌編集委員会編「図書館雑誌」一九三六年八月号、日本図書館協会、二一二ページ

(32) 前掲「桜井文庫(仰古館)について」四九四ページ

(33) 筑紫豊「私立福岡図書館館史」、西日本図書館学会編「図書館学」第六号、西日本図書館学会、一九五八年

(34)「福岡日日新聞」一九〇二年十月十五日付

(35) 江頭光「本市初の近代図書館」、福岡市市長室広報課編『ふくおか歴史散歩』福岡市、二〇〇〇年、一三三―一三四ページ

(36) 前掲「私立福岡図書館館史」二一五―二一六ページ

(37)「福岡日日新聞」一九〇二年十月十九日付

「福岡図書館開館式

福岡図書館は既述の如く一昨日午前十一時より盛んなる開館式を挙行したり式場には新築図書館の前庭に幔幕を張て之を設け午前十一時開式を報ずるや来賓一同着席先ず深野前知事代理として谷口書記官左の祝詞を朗読せり

私立福岡図書館成り茲に佳辰を卜し開館の典を行ふ惟ふに内外古今の図書を蒐集し公衆の閲覧に供するは人智拓殖の利器にして開明諸国の之れか興隆を競ふ所以なり福岡は九州の要衝教育衛生通信運輸等各機関の設ありと雖独り図書館の備なきは常に遺憾とせし所なり今や本館新に成り蔵する所の図書三万余巻深く其成功を慶し併て館主経営の労を多とす若し夫れ益々内容を充実し社会の福利を増進すると倶に守成の方法を画するは館主の宜く努むべき所なり冀くは不倦不撓永く公衆をして本館の慶に頼らしめんことを

次に松下市長の祝辞賛助員惣代として江藤正澄氏の祝辞歌人末永茂世氏の長歌朗詠等あり夫より松田敏足氏各地より奇送の祝辞祝電を披露し館主広瀬玄長氏の答辞朗読ありて式全く了り一同退場庭園内各所に設けある席に於て冷酒折詰の饗応あり各々歓を尽して散会したるは午后一時頃なりき当日の来賓は谷口書記官長倉視学官松井検事正千石典獄仙波聯隊長以下各大隊長其他県庁各課長県会議員市会議員各学校諸官衙諸会社新聞社員等三百余名にて盛況なりき」

(38) 福岡県立図書館所蔵
(39) 福岡県立図書館所蔵
(40) 海妻、江藤、松田の略歴を記せば以下のとおりである。
「海妻甘蔵（一八二四—一九〇九）福岡藩士。幕末の国学者。藩の参政書記、執政書記から、のち修猷館訓導に転じ書物奉行を兼務。一八六七年（慶応三年）大銃隊監兼文武館皇学総裁となる。七三年（明治六年）神道教導職権大講義に補せられ、高倉神社祠官となる。五〇年（嘉永三年）、福岡呉服町に私塾己百斎を開き、漢学に皇典をまじえ教授。著書に『筑前海産物考』『己百斎筆語』など」（広渡正利「海妻甘蔵」〔西日本新聞社福岡県百科事典刊行本部編『福岡県百科事典』所収、西日本新聞社、一九八二年〕から抜粋）
「江藤正澄（一八三六—一九一一）秋月藩士・神官・考古学者。国学を宮永保親に、故実を坂田九郎右衛門に学ぶ。幕末期に国事に奔走し、一八六八年（明治元年）に国学者の立場から藩政改革を建白。廃藩後神官を歴任し七五年（明治八年）奈良県勤務の折、県下社寺の宝物を興福寺に集め、初めて博覧会を開く。八七年（明治二十年）博多崇福寺で福岡博物展覧会を開き、翌年は沖島神宝調査、一九〇一年（明治三十四年）帝国古跡調査会福岡支部幹事となる。一八八七年（明治二十年）から大社教神官を兼ね、一九〇〇年（明治三十三年）大教正七位に補せられる。青柳種信に始まる国学者の考古

研究を継承し、近代考古学への橋渡しをした」(井上忠「江藤正澄」〔前掲『福岡県百科事典』所収〕から抜粋)

「松田敏足（一八三七―一九一三）福岡の人。幼より読書を好み漢籍を父に学び長じて坂田良賢（青柳種麿門人）に古典を学ぶ。時に平田翁の大道或問古道大意其他を観て大に喜び専ら之を唱揚し尊王の大儀を唱えた。後、藩校にて古事記と中庸を講義。廃藩後宗像神社主典、出雲神社権禰宜に任じ、生徒寮の教育並に巡教に力を尽くし、帰県後宗像神社に復職。一八七八年（明治十一年）『文門田舎問答』発行。同年廣澤哲郎とともに「博多新聞」を起こし社主になって編集をおこなう。「勉強雑誌」という月刊小説を発行。大阪にて「大東日報」の編集に従事。八六年（明治十九年）『村社祭儀弁論』、東京にて隋神新誌主筆。九一年（明治二十四年）教育勅語の趣旨普及せざるを慨して「月刊国華叢誌」を発行。九八年（明治三十一年）出雲教本院出頭教導職検定委員長、一九〇〇年（明治三十三年）大教正。〇三（明治三十六年）皇典講究分所試験委員長。家塾を開き門人数千人に及ぶ」(油屋眞人「故人の面影」〔「福岡県人」第十四巻第七号、福岡県人社〕から抜粋)

(41) 前掲『〈読書国民〉の誕生』二〇〇ページ、ほか。

(42) 前掲『日本近代公共図書館史の研究』二四六ページ

(43) 石井敦編『図書館史 近代日本篇』(「図書館学教育資料集成」第四巻)、白石書店、一九七八年、一六六ページ

(44)「図書館の設置」「九州日報」一九〇二年（発行月日不明）

(45)「市設図書館の必要

横浜市は多くの点に於て図書館を要求するの地位にあり、其貿易港として市民が要求するの智識芸能の他の都市を超ゆること其一なり、来往集散する多数の旅客海員をして旅情を慰むるの具を与ふる

其二なり、其他図書館によりて享有すべき特種の恩恵を挙ぐれば尚多々あり、而して仮りに必要の問題を離れて之を見るも市の威厳として一大図書館を有べきの理由を存す、今や横浜市は世界の横浜として其膨張革進の途にあり焉んぞ一図書館を有せずして已むべけんや、我□素より其市設なると私人の賜なるとを問はじ、近くは大阪市が富豪住友家の図書館を有せんとする又東京市民が大橋図書館の恩恵に浴しつつある其効果は決して官設公設に劣らざるなり、然れども図書館の設備や其費用を要すること大、完全にして包容の大なるものを求めんには容易く之を一私人に望むべからず」(「横浜新報」一九〇二年一月二十二日付)

(46) 武谷水城「筑前の国学と青柳種信」上、「筑紫史談」第十六集、筑紫史談会、一九一八年、二一―三六ページ

(47) 第2章「学問と教育 庶民教育」、前掲『福岡県史 通史編 福岡藩文化』上所収、三四八ページ

(48) 前掲「私立福岡図書館館史」二一六ページ、ほか。また図書館開館に寄せた和田萬吉の書簡にも、そのことがあらわれている。

(49) 「宗盛年墓誌」、荒井周夫編『福岡県碑誌 筑前之部』所収、大道学館出版部、一九二九年
「自幼嗜学、欲以此立身・受業於修猷館、(略) 初修猷館助教、後為支封秋月候所聘、居数年、本藩招還除修猷館教授、候深惜之厚餞焉、明治以降、歴任師範学校、藤雲館、及私立学校教師、又開家塾」

(50) 廣瀬玄愛「図書館ノ要旨」「福岡図書館報」第二号、福岡図書館、六―七ページ(九州大学図書館所蔵)

(51) 文部省編纂『図書館管理法』金港堂書籍、一九〇〇年、一ページ
「緒言:近来都鄙ニ於テ公私立図書館ノ設立ヲ企図スル者漸ク多クシ而シテ其設備並管理ノ事ニ関シテ適当ノ参考書ナキハ実ニ欠陥トス仍テ帝国図書館長田中稲城氏ニ嘱託シテ本編ヲ編成セシメ以テ当

事者ノ便ニ供セントス」

（52）前掲「福岡図書館報」第二号、六―七ページ

（53）坪屋善四郎「図書館の必要」、前掲「福岡図書館報」第二号、七ページ

（54）前述のように、『文部省第四年報』で発した前掲「公立書籍館ノ設置ヲ要ス」では、「公立学校ノ設置ト公立書籍館ノ設置トハ固ヨリ主伴ノ関係ヲ有シ互ニ相離ルヘキニ非ス」として、図書館（公立書籍館）を学校を補完する教育機関と規定している。

第2章　パブリック・ライブラリーを日本に

1　日本初のパブリック・ライブラリー東京書籍館の誕生とそのゆくえ

田中不二麿と東京書籍館

わが国の国立図書館は一八七二年（明治五年）に書籍館として設立されて以来、所管や名称の変遷を経て九七年（明治三十年）に帝国図書館となって継続したあと、一九四八年（昭和二十三年）の国立国会図書館法の成立に伴い現在の国立国会図書館になった。このなかにあって、最初の書籍館の後継として一八七五年（明治八年）五月に発足した東京書籍館については、一国の中央図書館（national library）としてではなく、公共図書館（public library）としての意識によって設立されたことが知られている。(1)

開館当初から無料公開だった東京書籍館が、東京府書籍館、東京図書館と変遷したあと、一八八五年（明治十八年）に上野への移転に伴って入館料を徴収するようになるまでの約十年間が、戦前の図書館史上でほとんど唯一、無料公開図書館（free public library）が成立した時期だが、[2]このパブリック・ライブラリーとしての東京書籍館の成立には、当時の文部大輔・田中不二麿の思想が大きく影響している。

幕末の尾張藩に、田中國之輔という若い藩士があった。関ヶ原戦後に初代筑後柳川藩主になった戦国武将・田中吉政を祖先にもつ家系の出で、父の田中寅亮は微禄ながら勤王の志が強く、楠公を崇拝してその兵法に精通していたといわれている。[3]

尾張藩と将軍家との関係は複雑だった。八代将軍の座を紀州の吉宗と競って敗れたのち、尾張藩は長年にわたって幕府から抑圧され、第十代から第十三代までの藩主には将軍・吉宗の子孫が送り込まれている。尾張直系の藩主を望む反幕府・勤王派の藩士、田宮如雲、茜部相嘉らが金鉄党を結成し、その運動の結果、藩祖直系の徳川慶勝が一八四九年（嘉永二年）に第十四代藩主になった。慶勝は勤王攘夷派だったが、公武合体のうえ外国との交わりで日本の主体性を発揮しようという志をもっていた。[4]徳川御三家のひとつである尾張藩が官軍としての勤王路線を確立するにあたり、青松葉事件という悲劇的な佐幕派弾圧事件を起こしたのはこの慶勝の代である。

父の死去に伴い一八六〇年（万延元年）に家督をついだ國之輔は、金鉄党の若手として活躍し、攘夷思想のあまり洋物商を襲撃するなどの過激な事件に加わりながらも、二十歳のとき（一八六五年）には藩主の慶勝に建白書を提出している。その内容は、慶勝が藩兵を率いて上洛し、朝旨を奉じ将軍を補佐して天下に号令すべきであり、さもなくば薩長などに先を越されるだろうというもの[5]

で、國之輔はこの建白書によって慶勝に見いだされ、のちに慶勝の上洛に随行して京都での政治活動に従事することになる。

維新後、慶勝は鹿児島、高知、福井、広島の藩主とともに議定になって、あわせて、この五藩から藩士三人ずつが参与として新政府に派遣された。田中國之輔は、尾張藩からの参与のひとりとして、岩倉具視、大久保利通、木戸孝允らと行動を共にするが、一八六八年（明治元年）には、名前を國之輔から不二麿に改名し、以後、明治新政府内では希有な、藩閥に属さない尾張藩出身の官僚として頭角をあらわすことになる。

田中は、一八六八年（慶応四年）四月二十一日の太政官制への移行に伴って行政官の弁事になり、六九年（明治二年）十月十五日に大学校御用掛になる。これが田中が教育行政に携わったはじめだが、その後七〇年（明治三年）には大学校御用掛のまま中弁となっている。七一年（明治四年）七月十四日に太政官出仕を命じられ、枢密大史、大内史と太政官の中枢の職を務めたあと、十月十二日に文部大丞として文部行政に復帰する。文部省設置時の文部大輔は江藤新平だったが、江藤はその後すぐに左院副議長となって文部省から離れていて、大輔・少輔とも空席だったため、田中は文部大丞になった時点ですでに省内で文部卿に次ぐ地位についていたといえる。同年十月二十二日に岩倉使節団に最年少の理事官として選任され、欧米派遣が決まる。

この田中不二麿こそ、日本の公共図書館制度の礎を築いた人物といっていい。従来、田中に対して、攘夷を唱える過激な志士から開国派に転身したことをもって日和見主義であるという評価があるが、尾張藩士以来の田中の経歴をみれば、田中の勤王・開国の思想は、御三家筆頭でありなが勤王非佐幕であるという尾張藩の特殊性と、そのなかで藩を新時代に導いた主君・慶勝の先見性に由来していることがわかる。

尊王攘夷イデオロギーを形成した水戸学の大成者・会沢正志斎の晩年の著作に『時務策』があり、横井小南にも「時務策」と題された藩政改革論がある。「時務」は儒学用語で、時務策とは律令制で政治の要務に関する方策のことをさすが、その時代の要請に合った適切な政策をおこなうという意味である。「時務を知るは俊傑に在り」といわれるように、田中だけでなく慶勝が率いた尾張藩自体も、この「時務」意識の高さによって維新の激動を生き延びたといえる。

田中不二麿は、尾張藩士としての「時務実行」、すなわち時勢を正しく認識し、その時代に応じた務めを果たすという姿勢を貫いた真の志士だった。そして、田中のこの時務意識の高さが、学制改革を絶対の使命として抱えていた文部官僚時代に、岩倉使節団理事官としてアメリカで実見した公教育、とりわけマサチューセッツ州の義務教育制度とそれに伴う公共図書館、幼稚園に注目することにつながる。

岩倉使節団「漸進派」としての田中不二麿

周知のように、岩倉具視を全権大使とし、大久保利通、木戸孝允、伊藤博文、山口尚芳を副使とした岩倉使節団は、一八七一年（明治四年）十一月から約一年十カ月にわたって欧米諸国を歴訪した。この五人の大使と副使のうち、すでに留学経験があった伊藤博文が「少シ通弁モ出来、文字読メル」ところから「権力ハアルコト見エ」(6)、事実上の事務局長のような立場で使節団全体をリードした。

伊藤は少弁務使として随行していた森有礼とともに積極的に視察と交渉を進めるが、途中、対米条約改正の可能性があると判断して、委任状を得るために急遽、大久保利通とともに帰国する。(7)司法担当理事官の佐々木高行は、この急進的な伊藤の様子を馬車を引く馬にたとえ、「今日ノ処ニテハ、先ヅ「アラビヤ」馬ニ駕シタル人ナリ、僅四五人「アラビヤ」ニテ、雲霞飛行トテ、迚モ事ノ成ル丶《（マヽ）》、難シ、必定挫轍スベシ(8)」と評している。

このメンバーのなかで、渡航前には急進的開明派と目されていた木戸孝允は、欧米の現実に接するにつれて、次第に急進から漸進へとその見解を変化(9)させていった。木戸は開化の必要を感じると同時に、それをリードしている伊藤ら「洋学家」の説に疑問を抱き始め、工業技術の導入による表面上の近代化よりも、その背後にある欧米の文化的伝統に注目して、文教政策を重視する漸進主義の立場をとるに至る。

> 実ニ欧米之至于此候も中々一朝一夕に無之候数十年之後を期し本邦をして東表に卓立せしめ独立之権利を固持せんと欲ば今日開化之花をむさぼり候より開化之たねを養ひ　候に不然開化之弊は勤王家之弊より他日国と人民とに及び候もの大也如何となれは其害其を行ふ之人に功ならずして顕わるものは必数十年之後にあり(10)

「開化之花」をとるより「開化之たね」を育てるべきであるという木戸の思想は教育に対する関心

に通じ、そこに田中不二麿との信頼関係が築かれることになる。

真に我国をして一般の開化を進め一般の人智を明発し以て国の権力を持し独立不羈たらしむるには僅々の人才世出するとも尤も難かるへし其急務となすものは只学校より先なるはなし余平生是をはかり当世の人応するもの甚少し（略）此度同行中に田中不二麿あり余の同志なり且つ文部省中より随行せり不日学校の興隆を只希望する(11)

全国之風を察し全国之弊を顧みすんは国家之保安元より難し此風を改め此弊を矯る学校を以急務とする之外なし我今日の文明は真之文明にあらず我今日の開化は真之開化にあらず十年之後に其病を防く只学校之真学校を起すに在り田中氏なども余程心懸け候様に相察申候(12)

木戸は、少数の「人才」に頼らず、学校教育を進めて国民全体の民度を上げることが「真之開化」であり「真之文明」であるとして、文部担当理事官としての田中不二麿に期待を寄せる。これに対して田中も、

人心之向背国家之隆否も畢竟其原由は皆教育之所便然今日端緒を紊り候而は将来之得喪如何候歟緩急序次を不誤着手候儀最緊要に相考申候偽開化は真開化を妨碍するの荊棘に可有之此ところ痛安仕候(13)

と教育政策の必要性を痛感し、木戸に共感している。

視察が進むにつれ、木戸と田中、そして通訳官として使節団に随行していた新島襄の三者は信頼を強め、日本の近代化のためには、単なる開化的な実学の導入ではなく、道徳に基づく知性の教育が必要であるという思いを共有するに至る。[14][15] このことは道徳観を基礎とした教育の必要を説いたのちに示した木戸の見解にもあらわれている。[16][17] また、これ以後、木戸は新島の誠実さを高く評価し、「彼の談話彼の厚志篤実当時軽薄薄学之徒漫に開化を唱ふるものと大に異なり」[18]と、新島との対比で「容易に米人の風俗を軽慕」[19]する留学生、特にその先頭に立っていた森有礼の軽薄さを批判する。このことについては田中も同様に不快感を示している。[20]

理事官としての調査の時点で田中が関心をもった課題には、「人民の自発的な教育意慾」とともに「政府の積極的な教育関与の意義」についての問題[21]があった。『理事功程』で「教育方法ヲ平民僧徒ニ委託シテ曾テ政府ニテ関係セサリシ国々ハ普ク人智ヲ鍛錬シ開化ノ進歩ヲ駿速ニシ最上ノ地位ニ達セシムルノ要路ヲ失ヘリ」「此故ニ新英国ノ如キハ上文ニ云ヘル如ク学校ノ管轄ヲ政府ノ特任トセシヿ果シテ其効験アリ」[22]としているように、田中はアメリカでの教育の隆盛がニューイングランド地方の諸州が学校の管轄を「政府の特認」としたことに始まるという点に注目[23]している。そして、「今諸州一般ニ施行セル如ク政府ヨリ教育ヲ監督スルヿ是不朽ノ良法ニシテ民ノ為ニ美事ト謂フベシ」[24]と、教育を「平民僧徒ニ委託」してしまうのではなく、あくまで政府が監督することを良しとする結論を得る。

しかし同時に、そのように政府が教育を監督する目的は、「務メテ国民ノ知識ヲ開導シテ高尚ニ趣カシムルコソ益国体ヲ堅クスルノ基ト云フニ外ナラス蓋シ学法ヲ設ルノ意タル厳ヲ以テ迫ランヨリハ寧ロ寛ニシテ各自ラ奮起セシムルニ如カス[25]」と、人民が、他人から教育されることよりも、自分から進んで学ぶこと、「自ラ奮起」することを促すために国家が教育に干渉するべきという方針を得る。

一方で「図書庫」すなわち図書館制度については、「毎都邑必ス一二ノ書庫ヲ備具ス其内必ス学室ヲ設ケ規則ヲ定メ読者ノ便ニ具フ右費用ハ分頭税ニシテ一ヶ年大凡一弗ヲ収メシム[26]」「其他各区内ニ書庫ヲ建置シテ二十年来一百万弗ヲ給助シ令猶毎年五百五十弗ヲ出シテ之ヲ保護ス[27]」と、その運営に公費が充てられていることを報告し、あわせて、

学童齢十二年ニ及バズシテ学校ヲ退キ已ニ学ビ得シ所ノ課業ヲ忘却スルモノ有ルカ故ニ学校附属ノ書庫ヲ設ケタルハ其効用甚タ大ナリト云ベシ方今諸学校ニ於テ公用ノ書庫ヲ設ケ緊要ノ図籍ヲ集メテ之ヲ生徒ノ便ニ備ヘ借覧ノ生徒ヲシテ些少ノ借覧料ヲ納メシムルモノアリ或ハ之ヲ納メシメザルモノアリ或ハ図籍ヲ家ニ携ヘ帰リ其家族ヲシテ自由ニ之ヲ借覧セシムルモ亦妨アルナシ[28]

と、学校を中途退学した者が学習を継続できる機能に特に注目している。

一方、使節団出発前には比較的保守的な立場にあった大久保利通は、視察が進むにつれて殖産興

業による資本主義化への自信を深め、急進的開明派に転じる。

大小之器械場枚挙スルニ遑アラス英国ノ富強ヲナス所以ヲ知ルニ足ルナリ尤可感ハ何レノ僻遠ニ至リ候而モ道路橋梁ニ手ヲ尽シ便利ヲ先ニスル馬車ハ勿論汽車ノ至ラサル所ナシ[29]

何方ニ参リ候テモ地上ニ産スル一物モナシ只石炭ト鉄ト而已製作品ハ皆他国ヨリ輸入シテ之ヲ他国江輸出スルモノ丶ミナリ製作場ノ盛ナル事ハ曾テ伝聞スル処ヨリ一層増リ至ル処黒烟天ニ朝シ大小之製作所ヲ設ケサルナシ英ノ富強ナル所以ヲ知ルニ足ルナリ（略）凡在首府々々ノ貿易或ハ工作ノ盛大ナル五十年以来ノ事ナルヨシ然レハ皆蒸気汽車発明アッテ後ノ義ニテ世ノ開化ヲ進メ貿易ヲ起スモ半ハ汽車ニ基スルト相見得候ナリ[30]

道路や鉄道などの交通機関の整備を基礎として、そのうえに製鉄をはじめとする工業を盛んにすることが、欧米諸国の〝富強ヲナス所以〟であり、しかもそれは、ここ五十年来におこなわれたことであることを知って、帰国後の近代化の実現に向けて自信を得ている。[31]大久保のこの見解は、帰国後の一八七四年（明治七年）五月に出された殖産興業政策についての建議[32]につながる。

このように、岩倉使節団の欧米視察は、伊藤・大久保の工業政策を重視して殖産興業によって急速に近代化を進めようとする急進派と、木戸・佐々木という、文明の成果の背後にある欧米の文化的伝統に注目して文教政策の充実による人材育成を重視する漸進派のふたつの流れを生んだ。文部担当理事官だった田中不二麿がこのうち漸進派の流れのなかにあったことが、その後の田中文政のあり方に大きな影響を与えることになる。

大久保政権での教育政策の未完成

一八七五年(明治八年)に東京書籍館が設立された背景には、わが国初の図書館である書籍館の取り扱いに関して、政府内に見解の相違が存在したことがある。

書籍館は、一八七二年(明治五年)六月に文部省が管轄する施設として開館したが、その翌年三月には、博物館とともに太政官の博覧会事務局に吸収合併されてしまう。このことについて、書籍館と博物館を一体のものとして整備・運営しようとする太政官と、「生徒教育之需要ニ相備へ」[33]るため書籍館を独立の教育機関と位置づけようとする文部省との対立の結果、博覧会事務局所管の「書籍館」とは連続性をもたない第二の書籍館として、文部省が新設したのが東京書籍館[34]である。

博物館と書籍館をめぐる太政官と文部省との見解の相違は、実はこのときに新たに生じたものではなく、原因はすでに岩倉使節団のなかにみられる。岩倉使節団には、工業政策を重視して殖産興業路線をとる大久保利通・伊藤博文の「急進派」と、教育問題に関心をもち文教重視路線をとる木戸孝允・佐々木高行の「漸進派」のふたつの潮流が存在[35]していた。この「急進派」と「漸進派」の対立の渦中に、文部省所属の理事官である田中不二麿は巻き込まれる。

田中が岩倉使節団本体よりも一足先に帰国したのは、博物館と書籍館が文部省から太政官の博覧会事務局に吸収合併された一八七三年(明治六年)三月十九日の直後にあたる三月二十四日だった。

田中はその一月半後の五月八日には、太政官に対して合併中止を求める最初の上申をおこなっている。

いわゆる明治六年政変のあと、大久保、伊藤ら使節団急進派は、十一月に内務省を設置して大久保が参議のまま内務卿を兼任、伊藤が工部卿となって殖産興業路線を推進し、ここに大久保利通を中心とする政権が成立する。一方、文教政策を重視する漸進派の木戸は、翌一八七四年（明治七年）一月に文部卿に就任[36]する。

文部省から太政官に対する合併中止の上申は、一八七四年（明治七年）二月までの約九カ月の間に都合五度おこなわれているが、最後の上申はこのとき文部卿だった木戸孝允の名によってなされている。

つまり、岩倉使節団のふたつの派閥、急進派と漸進派の対立がそのままあらわれたのが、太政官と文部省との間の博物館・書籍館の取り扱いをめぐる見解の違いだった。博覧会事務局の管理のもと博物館と書籍館をひとつのものとして運営しようとする大博物館構想には、両館を勧業博覧会の延長として殖産興業路線に位置づけようとする急進派（太政官）の意図があらわれている。

しかし、この時点で博物館・書籍館を殖産興業路線に位置づける意図がみられるものの、教育政策全般についてみれば、当時の政権は明確な方針をもたず、適切な政策を打ち出せない状態だったと考えられる。それはこの一八七三年（明治六年）から七五年（明治八年）にかけての時期が征韓論や台湾出兵問題などで政権の安定を欠いていたからである。

明治六年政変で西郷隆盛、副島種臣、後藤象二郎、板垣退助、江藤新平ら征韓派の参議が辞職したのが一八七三年（明治六年）十月、翌七四年（明治七年）一月には副島、板垣らが民撰議員設立建白書を出し、二月には佐賀の乱が起こる。このような混乱状態のなか、七二年（明治五年）八月に発布した学制が施行の時期を迎える。

学制制定を推進したのは初代文部卿の大木喬任のほか、左院副議長の江藤新平、大蔵卿の大隈重信だった。ところが学制がいよいよ施行の段階になった一八七三年（明治六年）年三月に大木文部卿は参議に昇任して文部省を離れている。また同年十月には征韓派の江藤が政府から去り、大蔵卿の大隈も文部省の定額金増額要求に反対して学制の施行には積極的でなくなっていた。

去三月下旬台湾論之初発政府上におゐて内地の形勢事情を陳述し大に不可を論す一般人民之品位をすゝむるは教育を以第一要務とす然るに教育は今日第五六におき似不急政府も心を不用候得共期後来文明に誘導いたし候には如此の急務は無御座候依而定額増加総七十万之事も申立候得共政府上条理を以答ふるものは一人も無之只大蔵省之不底論に雷同し其事も不被行（略）此際何れ之金を以当外征之用候哉と責問せり大隈云く于此五十万円之用意あり教育之時には大蔵省不底に而金は少しも莫しと云今日得意之時は五十万円之用意ありと云元より此事難落着候得共此枝葉を論し候も無益と考へ不及其事(37)

と木戸が嘆いているように、一八七四年（明治七年）三月の時点でも政府内での教育政策の位置づけは低く、台湾出兵の影響で文部省は予算の確保もままならない状況だったことがわかる。

木戸孝允は一八七四年（明治七年）一月に文部卿に就任するが、同年五月には台湾出兵をめぐる見解の相違から辞職せざるをえなくなる。[38] いわゆる大阪会議のあと、木戸と板垣が参議として政府に復帰するのは翌七五年（明治八年）三月であり、この時期には政権の存続さえ不安定だった。文部卿人事についてみれば、大木の離任後、木戸が就任するまでの間は不在であり、四カ月に満たない木戸在任期間後は、また空席が続く。ここにも、七三年（明治六年）以降の政府の文部行政に対する関心の低さがあらわれている。

木戸の文部卿辞職のあと、代わって田中が一八七四年（明治七年）九月に文部大輔に昇進して、実質上の文部省の主宰者になる。木戸が田中を信頼して文部行政を一任していたことが、木戸の書簡や日記からうかがわれる。[39][40]

このように、一八七三年（明治六年）から七七年（明治十年）にかけての時期は、征韓論や台湾出兵問題、その後の西南戦争などの影響によって、学制の施行期として重要な時期だったにもかかわらず、急進派の大久保政権は教育政策を国家政策の一環として明確に位置づけえなかった。このような状況だったからこそ、反主流派だった漸進派が教育政策で独自性を発揮することになった。また、これに加えて学制の制定を推進した勢力がこのとき政府内にはまったく不在になってしまっていて、ただひとりその実務を引き受けられる立場にいたのが岩倉使節団から帰国したばかりの田中だった。このような条件がそろったことが田中文政を成立させ、結果的に田中が意図する政策を実現する機会を生んだといえる。

東京書籍館の誕生

そこで、田中の自由化路線に沿った政策のひとつとして東京書籍館を文部省が設立する。木戸文部卿名で太政官への合併中止の上申をおこなった一八七四年(明治七年)二月十四日は、政府をあげて佐賀の乱の鎮圧にかかっていた最中であり、合併取り消しの方針が決定した同年六月十九日は台湾出兵が実施された直後だった。

一八七五年(明治八年)二月九日、太政官は文部省の要請によって書籍館と博物館の地所と建物を文部省の所管に戻した。しかし、従来収集していた図書や物品はすべて博覧会事務局に引き渡すことになったので、文部省は新たな構想のもとに書籍館・博物館を設ける。三月二日に文部省は書籍館・博物館の創設を太政官に上申し、省内に所蔵していた洋書約六千冊、和漢書約四千冊を湯島聖堂大成殿に運んで書籍館の開館準備にかかる。三月十三日、中督学の畠山義成を書籍・博物両館館長兼務とし、十四日、九等出仕・永井久一郎を両館掛兼務として事務を開始している。[41]

当時の文部省の書籍館費をみると、東京書籍館の開館費用と思われる一八七五年(明治八年)一月から六月までで二千九百九十九円六十九銭であり、同期間の東京女子師範学校補助金六千六百三十八円八十九銭と比べても約三分の一、文部省の定額常費出金総計百万八千七百十九円二十銭の〇・三パーセントに満たない。[42] 同年八月二十五日付で田中は幼稚園創設のための伺いを太政官に提出していて、その際、幼稚園の費用については〝女子師範学校内建屋兼用〟で「当分ノ内費用等該校補助金ヲ以弁償」するので特別の費用は発生しないことを説き、これによって同年九月十三日付で許可[43]されている。東京書籍館についても、建物も蔵書も既存のものを用いるため開館にかかる費用も少ないところから設立の許可がおりたものと思われる。

五月十四日に「東京書籍館規則」を定めて、「何人ニテモ登館シテ適意ノ書籍ヲ展覧スルヲ得セシム」と閲覧料の規定がない無料制で開館した際にも、太政官からは特に何の指摘もなされていない。木戸・板垣の参議復帰のあと、元老院・大審院・地方官会議を設置して立憲政体を建てることを宣言した詔書が出され、それに伴う第一回地方官会議の会場も浅草東本願寺に定まっていたこの時期には、おそらく湯島の旧聖堂の建物を書籍館として利用するか否か、さらにそれが無料公開であるか否かについては、政府内ではあまり関心を払っていなかったのだろう。

田中文政の書籍館政策の意義

では、田中文政による諸政策のなかで書籍館・図書館はどのような位置にあるのだろうか。

文部担当理事官としての田中の公式の報告書である『理事功程』で、田中は「抑学制施設ノ緩急費用揮霍ノ方法人心奨励ノ手段等ニ於テハ地ニ応シ適宜ノ措置ナカルヘカラス」「伏テ希クハ其意ヲ取捨シ其事ヲ参案シ漸ヲ以テ之ヲ実験ニ証セハ則異日人智長進[44]」すると、「人智長進」を期するためには学制の運用で施設の設置やその費用負担の面で「地ニ応シ適宜ノ措置」をすることと「緩急」が必要だと説いている。このような学制運用の具体例があらわれたものに、一八七五年（明治八年）年六月の第一回地方官会議の議案として提出された「小学校設立及保護方法ノ[45]」がある。ここには七カ条にわたって施策案が掲げられているが、内容は「小学校の設立普及の方策」「小学校の維持の方策」「私立小学校の保護と教則の自由化政策」の三つに分けられる。
まず学校の設立普及方法については、一八七四年（明治七年）時点での小学校設置状況調査結果に基づき、学制に掲げられている全国で五万三千七百六十校を設立するという目標を修正し、現実的な目標として最終的に二万三千八百十五校の設置をめざすとしている。そして、その維持については、学校数を、先に修正したように二万三千八百十五校とするならば、一校あたりの維持費が年間で二百円として、その総額が四百七十六万三千円となり、政府からの扶助金を七十万円として、それを除いた四百六万三千円を全国の人口で分けると増税額は二銭四厘と少額だから、今後も維持が可能である、とする。「此法果シテ過度ニシテ堪ユヘカラサルト云フカ」[46]と、この施策が実施可能であるという結論に達している。そして、それまで統制の対象でしかなかった私立学校について言及し、その保護育成とともに教則の自由化の必要性を説いている。[47]
このように、学制施行期には机上プランの性格が強い学制を民力に合った実現可能な内容に修正する政策をとっていて、[48]田中が欧米視察で得た「寛ニシテ各自ラ奮起セシムルニ如カス」[49]という基本方針どおり、人民の「自ラ奮起」を促すために「適宜ノ措置」をし、「緩急」を得た運用がおこなわれていたことがわかる。
この「自ラ奮起」を促すことを目的に学士会院の設置（一八七七年〈明治十年〉六月）や教育国会の開設（一八七八年〈明治十一年〉十二月）などの施策がおこなわれるが、一八七五年（明治八年）五月の東京書籍館の設立についても、一連の学制の現実的運用措置のひとつと位置づけることができる。

就学率の向上のため、通学できなくなった者が学習を継続するという、学校教育を補完する機能を強調した書籍館の意味づけは田中文政の特徴[50]である。また、のちに『米国百年期博覧会教育報告』（文部省、一八八七年）のなかで書籍館の無料公開が義務教育の無償化と共通の理念の下にあるという理解が示されていることからすれば、東京書籍館を無料公開とした根拠がここにあらわれているともいえる。

アメリカで「無謝小学ヲ設ケ広ク人民ヲ教育スルノ論[51]」に続いて「公共書籍館ヲ置キ無代価ニテ縦覧セシムルノ思想[52]」が生まれたことを承知している田中にとって、東京書籍館は人民の「自ラ奮起」を期するための、学制の改正に先駆けた公教育無償化の実践のひとつだったのではないだろうか。

東京書籍館の廃止

ところで、このあと東京書籍館は、一八七六年（明治九年）から七七年（明治十年）にかけて激しくなった農民一揆と士族反乱、いわゆる西南戦争のための政府の経費節減と機構改革によって廃止されるのだが、このような状況に対して、田中はどう対処したのだろうか。東京書籍館は七七年（明治十年）一月十一日の教部省・警視庁の廃止、十八日の太政官正院の廃止に続いて、十九日に博物館とともに廃止と決まったが、このことを田中は二月四日付で東京書籍館に通達している。

其館廃止候条、此旨相達候事、但、閉館日限之儀、追テ可相達候条、其マデノ処、諸事従前之

通、取扱可申事、
明治十年二月四日　文部大輔田中不二麿(53)

即日閉館するのではなく、あらためて閉館の期日を通告するまで職員はそのまま残務掛として勤務させ、日常の閲覧事務も継続していた。その後、二月十五日をもって完全に閉館とする旨が通告されているが、これに対して館長補の永井久一郎は、二月十四日付で以下のように上申している。

可相成儀ニ候ハヽ、引続キ開館致度志願ハ、兼テ上陳ニ及候通ニ有之候、今回、幸ヒニ東京府庁ニヲイテ、当館ノ図書ヲ保存管理シ、一般人民ノ公益ニ供度旨、同府ヨリ本省エ伺出候付、其方法ノ如何ニ由リテハ、御委託可相成、御省議ニ候哉ニ承及候、就テハ、試ミニ同府へ御委託可相成ト看做候ニ、其レマテノ処、引続キ開館候トモ、別段ノ費用ヲ要シ候訳ニ無之、残務取調ノ人員ニテ書籍出納為致可候(54)

東京府への移管の実現は永井のはたらきによるところが大きいが、田中による閉館日限の通達から永井を通じた東京府からの運営受託の意向表明の時期まで、この間の円滑な移管手続きからすると、この移管措置については早い段階から田中の意向も含まれていたものと考えられる。

この時期、田中文政は学制を民力に合った実現可能な内容に修正して運用する学制改革を継続している。一八七七年（明治十年）一月の地租軽減に伴う国庫減収の影響で、文部省定額金も大幅削減になった。これに対して文部省は、同年二月までに愛知、広島、新潟、大阪、長崎、宮城ほか全国の官立師範学校九校を廃止し、各校の施設や備品などを地方に交付した。これによって小学校教員の養成は地方に任されることになり、結果的に各地に公立師範学校が設立されることにつながった。この施策は文部省の経費削減策であると同時に、田中の地方分権的な教育理念に基づく積極的な学制改革政策だったといえる。

田中は、一八七七年（明治十年）五月から翌七八年（明治十一年）十一月にかけて書記官などを全国に派遣して地方の実情を調査し、その結果に基づいて本格的な学制の改正作業を進める。書籍館に対する施策も、この地方分権的理念に基づく一連の学制改革政策のひとつと考えることができる。すなわち、師範学校と同様に官立の東京書籍館を廃止し、施設や備品を東京府に交付することによって東京に書籍館を残し、これを端緒として全国に公共書籍館の設置を進める。東京書籍館の廃止が決まる直前に刊行された『米国百年期博覧会教育報告』のなかで「公共書籍館（パブリックライブラリー）何人ニテモ代料ヲ払ハスシテ縦覧スルコトヲ得ル書籍館ナリ（略）現今米国内ノ都府ニハ殆ント公共書籍館ノ設ケ有ラサル所無ク」と報告しているように、この時期には文部省内でも、政府ではなく地方の都市によって設立される「公共書籍館」の理念が共有[55]されていた。田中は同年末の『文部省年報』中の「公立書籍館ノ設置ヲ要ス」でこの方針を明らかに示すが、ここで地方の教育関係者に対して、あらためて文部省として公立書籍館の設置を要請している。

東京書籍館の廃止は、政府の経費削減による政策の停滞ではなく、田中文政の地方分権的な学制改革の一環である「公共書籍館」の創出を図った積極的な政策だったといえる。一八七三年（明治六年）の帰朝直後から七九年（明治十二年）の教育令制定までの田中文政は、一貫して学制の再編と改革という方向で推進されているが、七七年（明治十年）前後の財政危機の時期にあっても、書籍館に対する政策はこの方針に沿って進められていたといえるだろう。

改正教育令体制下での東京書籍館

一八七九年（明治十二年）二月、太政官法制局長官・伊藤博文は文部省案「日本教育令」を「当今ノ時勢」に適さないところがあるとして、「別冊ノ通更ニ起草」[56]して修正し、政府案として元老院に上申した。このあと、八〇年（明治十三年）二月に河野敏鎌を文部卿に任命すると同時に田中不二麿を司法卿として文部行政から外し、同年十二月には改正教育令を公布する。この改正教育令では、普通教育は再び国家統制の下におかれ、修身科が筆頭教科になって儒教的道徳主義が中心となる。一方、東京府書籍館は、この年の七月に文部省の管轄に復し、東京図書館と改称して存続した。

伊藤がいう「当今ノ時勢」とは、当時の自由民権運動の展開のことをさしている。一八七八年（明治十一年）七月の郡区町村編成法、府県会規則、地方税規則のいわゆる三新法の施行にあらわれている、民権派に対する政府の妥協策・懐柔策の一環として、教育的配慮ではなく政治上の配慮によって、文部省案が修正されたものといえる。[57]しかし、伊藤による文部省案の修正が当時の政治情況への対応策としておこなわれたとすれば、伊藤はこのときすでに、「教育令」制定以後の教育政策について一定の見通しをもっていたと考えられる。

殖産興業のための国民教化の手段としての教育政策という方針が、文部省によってはっきり示されたのは、一八八二年（明治十五年）の十一・十二月におこなわれた学事諮問会でである。そこで示された「文部省示諭」は改正教育令体制の公式解説ともいうべきものであり、ここで書籍館の取り扱いについての政府の方針が初めて明らかにされる[58]。

「文部省示諭」では、書籍館政策の基本として「不良ノ思想」に対する取り締まりを説いている。教育令の自由化政策を全面的に否定し、儒教的道徳主義を中心にすえた改正教育令体制下にあって、書籍館は、一般に公開された公共施設としてではなく、学校教育を補完するという機能によって、すなわち〝善良ノ思想〟を伝播するための機関として、かろうじて時の政権からその存在を認められたといえる。

無料公開図書館はなぜ十年間しか存続しなかったのか

一八八一年（明治十四年）の政変以降、伊藤政権は九年後の国会開設に向けた立憲体制確立のための憲法の作成と、緊縮財政とデフレ政策による殖産興業の基盤づくりに邁進する。伊藤政権がこのような全体構造のなかに教育政策を位置づけたのは、八五年（明治十八年）に内閣を組織し、初代文部大臣に森有礼を任命したときだったと考えられるが[59]、森の文相就任とほぼ同時に、東京図書館は東京教育博物館との合併のために湯島から上野へと移転する。これに合わせて規則が改定され、「求覧人員ノ増加スルノミニシテ頗ル雑踏ヲ極メ真正読書ノ人ヲ妨ルノ弊ナキヲエサル[60]」という理由で入館料を徴収するようになる。

当時、東京図書館主幹だった手島精一は、のちに「当時の森文部卿は之を嫌われて遂に潰すということになったのでありますが、そんなことから雑踏を防ぐ為に後には入館料を取りました所が、それが積って三四千円にもなり、後で帝国図書館の閲覧室建築費の一部となったと記憶して居ります[61]」と回想しているが、入館料はあとあとまで文部省の貴重な収入源のひとつとなっていた。この博物館と書籍館の施設の合併も、当時の政府による経費節減・行政整理・官庁統合策の一環であり、合併に伴う入館料の有料化も、文部省管内での財源開拓の一手段としておこなわれたのである。

すなわち、わが国で初めての無料公開図書館の実践は、殖産興業路線を進める政権の教育政策の欠落によって実現し、その修正の見通しがたった時点でその取り扱いの方針が決まり、そして、森有礼という近代天皇制国家を完成させる手段としての国家教育を推進した文政担当者の登場によって消滅したのである。それが一八八五年（明治十八年）のことだった。

田中文政の成果としての東京書籍館

一八七五年（明治八年）五月に東京書籍館が“public library”として成立した要因としては、田中不二麿による欧米の近代公共図書館についての理解とともに、その田中が文部省を主宰し、田中文政といえる時期があったことが大きい。

書籍館に対する田中の理解は、人民の「自ラ奮起」を期するための自由化路線に沿ったものであると同時に、学制施行期から改正教育令体制下に至るまでの時流に合った、学校教育を補う教育機関としてみるというものだった。この時期に田中不二麿によって具現化された近代公共図書館思想のうち、図書館と学校教育に親和性があるという図書館観は、その後も日本社会に底流として存在しつづけていくことになる。日本初の近代公共図書館である東京書籍館が、学制の推進とその改正作業のなかで、学校教育との深い関わりのなかで成立したことは、その後の学校教育の進展や変化とともに、近代日本の公共図書館のあり方に大きな影響を与えることになった。

2　田中不二麿の図書館観の特徴とその起源

田中不二麿が岩倉使節団から帰国する直前の一八七三年一月にアメリカのセントルイスで発行されたある雑誌に、次のような記事が載った。

"GOING TO JAPAN" RALPH WALDO EMERSON, at the banquet given by the merchants of Boston to the Japanese Commissioners, referred them to Dr.Wm.T.Harris, Superintendent of the St.Louis Public Schools, for information on this subject in this country, saying that he knew of no person who could "advise better on the subject." It seems they were so favorably impressed that they not only consulted Dr.Harris, but have now engaged several of the teachers in St.Louis to go to Japan as instructors.(62)

先にボストンで開かれた日本の使節団に対する歓迎会の席で、哲学者のラルフ・W・エマーソンが、岩倉使節団のメンバーを、当時のアメリカの教育先進地だったセントルイス市の教育長ウィリアム・T・ハリスに紹介し、ハリスが教育についてのアドバイスを日本の使節団に与えるとともに、何人かのセントルイスの教員を指導者として日本に派遣することを約束したと報じている。

田中がわが国初の「公共書籍館」(free public library) として東京書籍館を設立した背景にはハリスの影響があったといわれているが、このときボストンでハリスと面会した使節団のメンバーのなかに田中が含まれていたかどうかはわからない。岩倉使節団理事官としての田中の行程記録には、ハリスと面会したという記録やセントルイスに滞在したという記事はなく、このあとセントルイスの教員を日本が受け入れたという記録も存在していない。

しかし、一八七四年(明治七年)から八〇年(明治十三年)までの文部省刊行誌には、当時セントルイスで発行されていたこの教育雑誌“American Journal of Education”からの翻訳記事が多数掲載[63]されていて、田中が帰国後もハリスとセントルイス市の教育実践に注目しながら教育政策を進めていたことがわかる。

ハリスが教育長になった当時のセントルイス市では、前任のアイラ・ディボル教育長によって定められた、個人の生涯にわたる教養向上に役立つ教育制度の構築[64]を進めていて、一八六二年には公立の図書館を設立する計画が発表されている。この計画にはハリスも深く関わっていて、ハリス自身の生涯教育的な考え方から、学校で読み方を教え、図書館で「何を読むべきか」[65]を教育する必要性を理解していて、学校教育を完成させる教育機関として図書館を位置づけていたといわれている。

六五年にセントルイス市に"public school library"を設立するにあたっては、ハリスもディボルとともにその実現に尽力した。

東京書籍館の直接のモデルになったのは、このセントルイス市の"public school library"なのだろうか。

田中不二麿の図書館観の特徴

田中の図書館観の特徴があらわれているものに、太政官との間での博物館・書籍館の博覧会事務局との合併差し止めを求めた文章がある。一八七三年（明治六年）五月の文部省からの上申に対し、太政官からは、書籍館を「学校ノ一部中ニ相設候ト普ク衆庶ノ為ニ設候トハ自ラ差別可有之」[66]という反論がくる。それに対して田中は、「兼テ上申ノ通右両館之儀ハ生徒実地経験之為メニ相備ヘ傍ラ人民一般開知之一端ニ可具趣意ニ有之迅ニ御決裁不相成而ハ生徒授業上殊更差支候儀モ有之候間至急御沙汰相成度」[67]と、あくまでも書籍館を学校生徒の教育に用いるものとし、その延長として一般人民にも開放する趣旨であることを強調している。

「学校ノ一部中ニ相設候ト普ク衆庶ノ為ニ設候トハ自ラ差別可有之」という太政官の図書館理解の基本にあるのは、博覧会事務局の管理下で、博物館と書籍館をひとつのものとして運営しようとする大博物館構想のなかの図書館概念である。これに対して田中は、明確に学校教育との連係を前提とした教育機関としての図書館の設立をめざしていたことがわかる。このような田中の図書館観は、田中が一八七七年（明治十年）末に『文部省第四年報』中に草した一文「公立書籍館ノ設置ヲ要ス」とも共通している。

夫レ学校ノ事業ハ尋常普通欠ク可カラサルモノト雖男女各為ヘキ職務アリ或ハ已ヲ得サルノ障碍ニ会シ半途ニシテ其志ヲ遂ケス徒ニ前功ヲ放棄スル者此々然トス公立書籍館ノ設置ハ此輩ヲシテ啻ニ嚢時ノ修習スル所ヲ操練セシムルノミナラス更ニ其学緒ヲ続成シ終ニ一大美帛ヲ織出スヘキ良機場ヲ開クモノナリ然ハ則公立学校ノ設置ト公立書籍館ノ設置トハ固ヨリ主伴ノ関係ヲ有シ互ニ相離ルヘキニ非ス今ヤ公立学校ノ設置稍多キヲ加フルノ秋ニ際シ独リ公立書籍館ノ設置甚タ少ナキハ教育上ノ欠憾ト謂ハサルヲ得ス(68)

学制の施行にあたって就学率の向上が至上の課題であることを前提としたうえで、その学校教育に接続し、それを補うものとして公立書籍館を位置づけている。さらに、一八七五年（明治八年）五月に定めた「東京書籍館規則」には「何人ニテモ登館シテ適意ノ書籍ヲ展覧スルヲ得セシム」と、閲覧料の規定をあえて設けずに無料公開としているが、ここにも田中の図書館観が反映している。東京書籍館開館の時点で田中は、〈学校教育を補完する機関としての図書館〉という考えと〈だれでも利用できる無料公開の図書館〉という考えをもっていたといえるが、このうち〈学校教育を補完する機関としての図書館〉という考え方がアメリカの影響によることがあらわれているものに、東京書籍館開館直後の七六年（明治九年）に文部省が発行した「教育雑誌」第二十三号に掲載された「アメリカ合衆国教育局年報」中の図書館に関する項目の抄訳記事がある。

小学ノ業ハ生徒退校ノ後ト雖モ之ヲ棄擲ス可ラス其丈夫タリ婦人タル本分ヲ妨ケサル方法ニ依テ之ヲ続成ス可コトハ教育ヲ重ンスル者ノ遍ク知ル所ニシテ公立書籍館ハ実ニ人智ヲ発育振作シテ小学ノ業ヲ続成セシムヘキ要具タリ是故ニ学ヲ好ム者金ヲ醵シ社ヲ結テ書籍館ヲ建タル者甚タ多シ然レトモ此制未民間ニ遍カラサルヲ以テ諸州往々各小学校区ニ書籍館ヲ設クルコトヲ学制ニ加ヘタル者アリ[69]

ここに、会員制図書館の発生から公立図書館の成立に至るまでのアメリカでの図書館の発展過程を略述して「人智ヲ発育」と「小学ノ業ヲ続成」のために必要なものであることを強調しているが、「各小学校区ニ書籍館ヲ設クルコトヲ学制ニ加ヘ」るというのは、アメリカ独特の制度である“school district library”（学校区図書館）のことをさしている。

ニューイングランドの“school district library”と「公立書籍館」

周知のように、アメリカで市や町を単位とした公立図書館（public library）を設けることが始まったのは一八五一年五月のマサチューセッツ州図書館法（library law, as proposed in 1851）成立以降であり、その画期になったのは五四年の同州ボストン市でのボストン公立図書館（Boston public library）の成立だった。

川崎良孝はウィリアム・フレッチャー[70]とロバート・リー[71]の論を引き、アメリカの公立図書館が

「その発端においても展開においてもニューイングランドの制度と考えてよい」[72]ことを指摘している。ボストン公立図書館が開館した一八五〇年代には、全米で三十五の市町で公立図書館が設けられたが、その内訳はマサチューセッツ州三十、ニューハンプシャー州四、メイン州一で、この時期までは公立図書館の設立は東部のニューイングランド地方に限られていた。その後六〇年代以降になると、デトロイト（一八六九年）、セントルイス（一八六五年）、シンシナティ（一八六七年）、クリーブランド（一八六九年）、シカゴ（一八七一年）と中西部にも広がっていく。[73]川崎は、マサチューセッツ州から中西部へという展開が、公教育が普及を遂げた方向でもあるところから、「ニューイングランド、とくに中心であるマサチューセッツ州において、公教育や公立図書館を鼓舞する環境があった」[74]ことを明らかにしている。岩倉使節団が訪米した七二年（明治五年）は、ニューイングランドから始まった公立図書館設立の動きが、ちょうどほかの地方にも広がり始めていた時期だった。そして、この展開の背景には、ニューイングランド、特にマサチューセッツ州を中心とする公教育の広がりがあった。[75]

マサチューセッツ州の“public library”の前史といえるものに、一八三〇年代のニューヨーク州とマサチューセッツ州での学校区図書館（school district library）の事例がある。学校区図書館とは、学校区（school district）を単位として、児童や青年、さらに地域住民全体をサービス対象とする公立図書館で、その大部分は学校のなかにおかれ、学校区単位に図書館に課税する権限が州法で認められていた。

川崎は、マサチューセッツ州での学校区図書館の実践が、同州図書館法の成立やボストン公立図書館設立の思想的な背景になって“public library”の成立に至る重要なステップになったことを論証している[76]が、一八三九年当時マサチューセッツ州教育長として学校区図書館の設置を進めていたホレス・マンは、学校区図書館の意義について以下のように述べている。

公立学校制度の整備と充実は、眼前におかれた最大の課題であり目的ではあるが、それは児童を立派な国民や州民にする基礎的な技術を付与するにすぎない。（略）学校卒業後に自己の人生を切り開き、社会的責務や市民としての義務をまっとうする自己学習こそが重要になる。自己学習には、学校で獲得した読む技術を適用する図書の存在が欠かせない。したがって、住民が容易に利用できる図書提供機関がなければ、読む技術の習得自体が無意味であり、結局は公立学校自体の有用性に直接かかわってくる。（略）公立学校と図書提供機関の整備は、同時に実施しなくてはならない[77]。

ここでマンは、公教育論から学校区図書館の必要性を導き出している。「学校卒業後に自己の人生を切り開き、社会的責務や市民としての義務をまっとうする自己学習こそが重要」や「公立学校と図書提供機関の整備は、同時に実施しなくてはならない」という言葉は、のちの田中の「公立書籍館ノ設置ハ（略）其学緒ヲ続成シ終ニ一大美帛ヲ織出スヘキ良機場」「公立学校ノ設置ト公立書籍館ノ設置トハ固ヨリ主伴ノ関係ヲ有シ互ニ相離ルヘキニ非ス[78]」という主張と共通している。

マサチューセッツ州では一八四〇年代を通じて学校区図書館の設立が推進され、最盛期には州内の学校区数の三分の二に相当する約二千の学校区に図書館が存在した。しかし、その後五〇年には図書館数が約七百、各館平均蔵書数が百三十一冊にまで減少している。[79] 五一年にメイン州の教育長が同州の学校区図書館の現状について、「学校区図書館の設立には大きな障壁がある。多くの校舎は古いうえに管理が不備なため、図書館の設置場所として適切でない。また、学校区は小さくて、多くの住民は貧しいので、学校区図書館の負担には耐えられない。かりに州が蔵書を提供するとしても、蔵書管理に難点がある。以上のような障壁を乗り越えるには、町を単位に図書館を設立するしかない」[80]と訴えているが、五〇年代には学校区単位での図書館運営はこのように困難な状況になっていて、それがマサチューセッツ州図書館法成立の背景となって市町単位で図書館を設ける機運が高まったと考えられる。

市や町を単位とした“public library”の段階でも、図書館の意義を公教育に基づくものとする考えは引き継がれる。一八五一年の州法に対する州議会での擁護演説のなかで、下院議員のジョン・ワイトは、図書館の必要性について次のように述べている。

優れた生徒でさえ学校で獲得する知識の量は少なく、分野によっては非常に不十分である。一方、卒業後の人生に必要な知識の量は莫大であるし、学校で学んだことの多くは、卒業後の継続学習の準備として価値がある。そこで、良質の公立図書館が必要となる。公立図書館によって、各人は学校で学んだことの不足を埋め、学校で獲得した知識の応用が可能になる。[81]

公立学校の充実と公立図書館の整備を表裏一体のものと考え、「住民が容易に利用できる図書提供機関がなければ、読む技術の習得自体が無意味であり、結局は公立学校自体の有用性に直接かかわってくる[82]」という、公教育の一部として学校教育を補完するものとして公立図書館を捉えるという考え方は、東部のニューイングランド地方で一八五〇年代以来進められてきた、市町を単位とする“public library”政策でも、六〇年代にはすでに確立していた理念だった。岩倉使節団の一員として東部諸都市を歴訪して全米教育局を通じて情報収集をしていた田中は、その文部担当理事官としての調査項目のなかに図書館についての項目（「図書庫之事」）を掲げていた以上、当然ながらマサチューセッツ州を中心とする“school district library”から“public library”に至る公立図書館政策について、公教育制度の一部として見聞したはずである。田中の調査報告書『理事功程』のマサチューセッツ州の教育規則を解説した記述では、「書庫」について次のように説明している。

毎都邑必ス一二ノ書庫ヲ備具ス其内必ス学室ヲ設ケ及ヒ規則ヲ定メ読者ノ便ニ供フ右費用ハ分頭税ヲ以テ之ヲ収メシメ一ケ年大凡一弗を越ヘス（略）其他人民ノ盟者ニテ私ニ建立スルモノアリ州内公私ノ書庫ヲ数フルニ大小凡ソ三百余所アリト云フ[83]

年一ドル程度の課税によって市町ごとに設けられた公立図書館のほかに、「私ニ」建立した会員制図書館も残っていて、この時点で州内に三百館以上の図書館が存在していたことがわかる。学校教育を補完する公立図書館という考え方については、ここではあらためて示されていないが、公教育全般の調査がおこなわれているところからみれば、公立学校と公立図書館との関係についても、このときに理解を深めたものと考えられる。

ところで、ちょうどこの頃に田中が、当時の文部卿・大木喬任宛てにアメリカから出した書簡に次のようなものがある。

教方何れも行届実に盛旺之勢に候得供、其規制各州自立にて素より立君国郡県之体裁には適当せず（略）然処森弁務使之説には日本之教育は此国之学士に限り可申に付早々御雇入相成度、施設之法方大使より御依頼可然旨頻に主張雷同之向も有之、殆と困却の至に候。愚案は上途前兼て申上置候通各国周遊彼是商量之上最も善美なるものに就き一定ノ目的を立、教師雇入等諸事約定候而不晩様存候。元来教育施設之法方は方今一歩を謬候節は将来国家之盛衰人心之方向に大関係有之候得ば、僅一州之制度により決而論定は難致反復弁説罷在候(84)

壬申二月十二日　不二麿并に随行再拝

教育の制度や方法は、国家の将来を左右するものであるから、わずか一州一国の制度だけをまねて取り入れるのではなく、各国を視察したうえで判断したいという意向を述べている。また、田中に同行していた中島永元の書簡にも次のような記述がみられる。

留学之生徒は不及申在留之諸官員自然共和風に吹れ、無識之輩種々悪説を唱出言語同断不可言次第に御坐候。依而米人御雇入之義は暫く御見合可然奉存候。勿論以後米国留学は一人も御許無之様奉候

壬申二月十二日　永元

教師は英国着之上英人雇入に決定仕候(85)

壬申すなわち明治五年の二月十二日とは一八七二年三月二十一日であり、田中らは新島襄を通訳として採用してアメリカ東部諸都市を歴訪し、全米教育局を通じて情報収集をしていた時期である。これらの書簡にみられるように、田中は日本への教師派遣については、アメリカだけでなくヨーロッパも視察したうえで選定すべきと考えていて、むしろアメリカからの教師雇い入れに反対していたことが明らかである。このことからすれば、ハリスと田中がセントルイスの教員を日本に派遣する約束をしたという“American Journal of Education”の記事がはたして真実を伝えているものか疑われるところだが、全米教育局の仲介による情報収集の一環として、ボストンなど東部諸都市の歴訪中に田中とハリスが交渉したとみることもできる。セントルイスの教員の日本への派遣は結局実現しなかったものの、この時期に田中がハリスやハリスによるセントルイスでの実践例を通して、アメリカの学校教育と図書館との関係について理解を深め、その影響を受けた可能性は高い。

また、後日ヨーロッパ諸国を訪問した際の『理事功程』の記録では、オランダの教育規則の解説

のなかの「書庫」について、特に学校を中途で退学せざるをえなくなった者が自ら学習を継続することができる点に注目して言及している。

童齢十二年ニ及バズシテ学校ヲ退キ已ニ学ビ得シ所ノ課業ヲ忘却スルモノ有ルカ故ニ学校附属ノ書庫ヲ設ケタルハ其効用甚タ大ナリト云ベシ方今諸学校ニ於テ公用ノ書庫ヲ設ケ緊要ノ図籍ヲ集メテ之ヲ生徒ノ便ニ備ヘ借覧ノ生徒ヲシテ些少ノ借覧料ヲ納メシムルモノアリ或ハ之ヲ納メシメザルモノアリ或ハ図籍ヲ家ニ携ヘ帰リ其家族ヲシテ自由ニ之ヲ借覧セシムルモ亦妨アルナシ(86)

このことからも、学校教育を補完するものとして公立図書館を捉える考え方を、田中は岩倉使節団での調査の時点ですでに確立していたものと考えられる。のちに『文部省第四年報』で「公立書籍館ノ設置ハ（略）其学緒ヲ続成シ終ニ一大美帛ヲ織出スヘキ良機場」「公立学校ノ設置ト公立書籍館ノ設置トハ固ヨリ主伴ノ関係ヲ有シ互ニ相離ルヘキニ非ス」(87)と主張した田中の図書館観に影響を与え、その原型になったものは、ホレス・マンの公教育論から生じ、マサチューセッツ州を中心として広がった“school district library”と、そのあとに“public library”の設立にまで発展した、この時期のアメリカの公立図書館政策だった。

セントルイス市“public school library”と東京書籍館

東部ニューイングランド地方から始まった"school district library"とその発展形としての市町単位での"public library"設立の動向が、中西部のミズーリ州に至るのは一八六〇年代以降のことである。六二年、セントルイス市に"public school library"（公立学校図書館）を設立する計画が発表されたが、田中が岩倉使節団理事官として訪米した七二年は、ハリスが教育長を務めていた時期にあたる。

青木薫によれば、ウィリアム・T・ハリスは、南北戦争後の一八六八年に同市の第十代教育長になって、八〇年代まで教育経営に関する数々の改革をおこなった[88]。ハリスとともに当時の著名な教育者であり、長くボストン市の教育長を務めたジョン・フィルブリックは、「当時のセントルイス市の学校システムが『唯一最善の方法』を見いだし、特にハリスが教育長として教育経営の実践を行っていた間中に、セントルイス市の学校システムは全国の教育者にとってモデルとなっていた[89]」と証言しているが、田中がハリスと接触し、その影響を受けた当時、学校・教育制度で、セントルイス市は全米の模範になった先進地だったことがわかる。

ハリスは"public school library"について、学校教育との関連で次のように説明している。

学校では読み方、書き方を学ぶことが中心になっているが「読み方」の教育と同様に「何を読むべきか」の教育が必要である。（略）学校の適切な訓練でもって生徒は勤勉になり、図書館に生徒を解放することによって彼は学習者となるであろう。すべてのコミュニティにおいて、すべての者に親しみやすく、便利で、完備した図書館が存在すべきである。（略）公立学校と

その図書館は、コミュニティでの永続的な教育を可能にするものである。(90)

アメリカの小学校では児童に読み方は教えるが、何を読むべきかについてはいまだ十分に教えていない。児童は家庭で読書することによって、学校で得た刺激を失うことなく、一生涯読書をする習慣を身につける。そのようにして、生徒は一度読み方を教えられると立派に選択された書物によって彼の教育を継続し、教養を高めるようになる。知力を得る能力は年齢とともに増進し、達成される知識や思考力の進歩には何らの限界もないので、読書による教育効果は非常に大きなものが期待できる。(91)

セントルイス市の"public school library"とは、学校区ではなくセントルイス市を単位として設立されたもので、その目的が市の教育システムの一環として学校教育を補完することにあるところから、このような名称になっている。ハリスの解説にも明らかなように、ニューイングランドの"school district library"や"public library"と、〈公立学校を補完する機関としての公立図書館〉という理念や位置づけが共通したものである。

そして、このセントルイス市の"public school library"は、東京書籍館を東京に設けた公立学校の補完機関として、総合的な教育制度の一環の「生徒実地経験之為メニ相備へ傍ラ人民一般開知之一端ニ可具(92)」ものと位置づけた田中の図書館観の起源になったと考えることができる。

一八七五年(明治八年)の東京書籍館設立の時点で、第一大学区第一番中学(旧南校)や第一大学区医学校（旧東校）、東京師範学校のほか、同師範学校付属小学校や東京府立の小学校など学制に基づく各学校が東京府にはあった。全国の先進モデルとして学校教育の整備が進んでいた東京府をひとつの学校区に見立ててそれらの学校を補う教育機関として東京書籍館を機能させるという考えには、ニューイングランドの“school district library”だけではなく、セントルイス市の“public school library”政策の影響がみられる。

しかし、図書館を無料公開するという点は、セントルイス市の“public school library”は直接のモデルではなかったようである。ハリスは入館料について「たとえ貧しくとも、彼らがそれから受ける特権のために、なにがしかの入館料が必要であろう[93]」と説明しているが、“public school library”は、一般に公開はされているが無料ではなく、無料であることに意義を認めた“public library”とは異なるものだった。

東京書籍館の無料公開の起源

では、東京書籍館の無料制はどこに起源をもつものなのだろうか。先にあげたマサチューセッツ州の教育規則[94]のなかで分頭税による課税について言及しているが、このことは公費で運営する“public library”の財政的裏づけとして、課税することによって図書館を無料公開にするモデルのひとつになったと考えられる。

のちの「教育令」制定の過程で、田中が書籍館とともに、その規定の存続にこだわったものに幼稚園があった。湯川嘉津美によれば、田中はハリスとの出会いによって「教育大系中における幼稚園の役割を認識するに至った」[95]といわれる。一八七六年（明治九年）、アメリカ合衆国建国百年を記念してフィラデルフィアでおこなわれた万国博覧会への出席のため、田中をはじめ東京書籍館の館長だった畠山義成、手島精一らが渡米したが、一行は五月にサンフランシスコに着いてフィラデルフィアに向かう途中でセントルイスに立ち寄り、ハリスの案内でセントルイス市の公立幼稚園を見学している。ハリスが公立幼稚園を設立した目的は、都市の悪い環境の下で成長する幼児を保護するとともに、二、三年で学校を離れて労働を余儀なくされる児童の就学期間を延長させることにあったとされているが[96]、このときの田中らによる報告書でも「幼稚園ヨリ公学校ニ進級セシ生徒ハ、学業進歩ノ速ナル、行状ノ正シキ、他ノ生徒ノ比ニ非ラス。故ニ公立幼稚園ヲ設クルハ、却テ公学費用ヲ減スル一助ナリ」[97]と、幼稚園が就学の準備教育として有効であり、かつ公立学校の費用の削減につながる旨を上申している。

田中は、生涯教育の発想をもつハリスの総合的教育思想の影響によって、幼稚園と図書館を、ともに学校教育を補う教育機関と位置づけた。就学の前段階として学校に接続する幼稚園と、学校を終えたあとに教育を継続する図書館は、学校教育の前後の「就学ノ階梯」[98]として、田中の教育思想のなかでは学校と切り離すことができないものであるという認識が形成されたと思われる。

フィラデルフィア万博からの帰国後に刊行された『米国百年期博覧会教育報告』では、書籍館について次のように説明されている。

公共書籍館（パブリックライブラリ[99]、何人ニテモ代金ヲ払ハスシテ縦覧スルコトヲ得ル書籍館ナリ）

ノ人民教育ヲ助クルノ益多キハ四十年来米国人ノ論説スル所（略）現今米国内ノ都府ニハ殆ント公共書籍館ノ設ケ有ラサル所無ク山村埜邑ノ貧民ニテモ書籍ヲ得ルコト難カラス退キテ百年前ヲ顧ミレハ人口甚タ寡ク加之鉄路未開ケス郵便未タ整ハス僻陬ノ人民ハ容易ニ書籍ヲ得ルコト能ハス都府ト雖モ書肆多カラス印刷盛ンナラス且ツ無謝小学ヲ設ケ広ク人民ヲ教育スルノ論未タ起ラサリシヲ以テ公共書籍館ヲ置キ無代償ニテ縦覧セシムルノ思想モ未タ生セサリキ故ニ当時ノ書籍館ハ大抵学校若クハ社中ノ私有タリ蓋シ人民無謝教育ノ益ヲ熟知シタル後ニ非サレハ公共書籍館ノ利ヲ解スルコト能ハス(100)

ここでは公共書籍館（public library）を「何人ニテモ代金ヲ払ハスシテ縦覧スルコトヲ得ル」無料公開の書籍館であるとしたうえで、「無謝小学ヲ設ケ広ク人民ヲ教育スル」ような整った学校教育制度が実現されたあとでなければ、書籍館の無料公開も理解されないとしている。つまり、教育制度があってこそ、図書館を無料で提供することについて国民の合意を得ることができる、とこの時点で田中は考えている。このことについて三浦太郎は、このあと一八七七年（明治十年）末の「公立書籍館ノ設置ヲ要ス」のなかで学校と図書館とを「主伴ノ関係」にあるものと主張して段階的に導入することを否定し同時に設置したことに比べると、ここには公共図書館制度の導入に対する消極的な姿勢があらわれていると解釈(101)している。しかし、図書館の無料公開について、義務教育の無償化と共通の理念の下で実施されるものという理解を示している点に注目すれば、東京書籍館を無料公開とした根拠がここにあらわれているとみることができる。

この時期にはアメリカでもすべての“public library”が“free”だったわけではなく、その定義には幅があった(102)が、そのようなアメリカでの実践に学びながら、そのなかで、あえて最先端の“free public library”を日本で実現したのが東京書籍館だった。経済的事情などの「已ヲ得サルノ障碍(103)」のために「半途ニシテ其志ヲ遂ケス(104)」就学を中断する者のための継続教育の機関としての書籍館は、いまだ学校教育制度が整わず、その学費が有料だったからこそ、無料公開でなければならなかった。東京書籍館は、ハリスの総合的な教育思想に学んだ田中文政の、公教育無償化の実践のひとつだったといえる。

東京書籍館の館外貸し出し

では、この時期のパブリック・ライブラリーのもうひとつの要素といえる、蔵書の館外貸し出しについてはどうだろうか。セントルイス市の“public school library”は、先にもあげたように、生徒が「家庭で読書することによって、学校で得た刺激を失うことなく、一生涯読書をする習慣を身につける(105)」ために設立当初から館外貸し出しを実施していて、一八七三年の利用統計では“home use”のために、年間で八万千五百三十七冊を貸し出している(106)。

一方、東京書籍館は、一八七五年（明治八年）五月に定められた東京書籍館規則によれば「何人ニテモ登館シテ適意ノ書籍ヲ展閲スルヲ得セシム」と、館内での閲覧は大いに奨励しているものの、「書籍類ハ一切館外ニ出スヿヲ禁ス」と、原則として館内閲覧だけの運用となっていて、「但文部卿ノ特示アルハ此限ニ非ス」と、特別に許可された者だけに館外貸し出しを認めていた。「官立学校教員及ヒ各庁吏員其他教学ニ裨補アリト認取スル人」という教育・研究と公務利用に限って蔵書の館外利用が認められているところからみて、また、湯島聖堂の大成殿を書庫とし左右の回廊を閲覧スペースに充てた閉架式の構造を考えても、東京書籍館が館内閲覧中心の資料保存主義の運営方針でスタートしたことは疑いがない。

その後、東京書籍館が東京図書館、帝国図書館と変遷しても、この館内閲覧中心の運営方針は変わらず引き継がれているが、アメリカのパブリック・ライブラリーの特徴である「無料制」「開架式」「館外貸し出し」のうち、東京書籍館を始原とする日本の公共図書館は、この時点で「無料制」だけを取り入れたといえる。

このことは、田中不二麿のパブリック・ライブラリーについての理解の限度を示しているとともに、明治初期の日本社会で、図書館というものがどのような場所として理解されていたのかがあらわれているようでもある。

"public school library"としての東京書籍館の成立

岩倉使節団理事官として田中が訪米した一八七二年（明治五年）は、マサチューセッツ州を中心に公教育の一環として成立した学校区図書館（school district library）が、市や町を単位としたパブリック・ライブラリーへと発展し、ニューイングランド地方から全国に広がりつつあった時期だった。また、ハリス教育長をリーダーとしたセントルイス市の教育改革が全米を代表するものとして進行していた最盛期でもあり、そのセントルイスでも"public school library"が実践されていた。

「学校卒業後に自己の人生を切り開き、社会的責務や市民としての義務をまっとうする自己学習こそが重要（略）自己学習には学校で獲得した読む技術を適用する図書の存在が欠かせない。したがって、住民が容易に利用できる図書提供機関がなければ、読む技術の習得自体が無意味であり、結局は公立学校自体の有用性に直接かかわってくる」[107]という学校区図書館の理念が、「学校を終了した青年男女は、広範な文化的著作を求めて、また有用な知識の探求に必要な図書を求めて、しげしげとパブリック・ライブラリーに通うことができるのである」[108]というふうに継承され、それがまさに田中によって日本に移入されたのである。

この時期にニューイングランドを中心とした東部諸都市を歴訪してアメリカのパブリック・ライブラリーの原型に接し、その後再び図書館や幼稚園など学校以外の機関をも含んだハリスの総合的な教育思想と接した田中は、マサチューセッツ州やセントルイス市の図書館政策から自身の図書館観を形成するうえで大きな影響を受けた。そして、このような田中の図書館理解が、日本の公共図書館の濫觴になった東京書籍館が、単なる“public library”ではなく、「生徒実地経験之為メニ相備へ傍ラ人民一般開知之一端ニ」[109]備えるという、アメリカ的な“public school library”として設立されることにつながったと考えられる。

学校と「主伴ノ関係」にあり「互ニ相離ルヘキニ非ス」[110]という、学校教育を補完するものとしての田中の図書館観は、以後の日本の図書館政策にも継承されるが、日本の公共図書館の原型が、学校教育との関係がより深い“public school library”だったということは、図書館を設立する側だけでなく、利用する側の図書館理解やその後の図書館の社会的位置づけにも大きな影響を与えたといえる。

注

（1）後藤純郎「東京書籍館の創立——人事とその特色」、日本図書館協会現代の図書館編集委員会編「現代の図書館」第十三巻第二号、日本図書館協会、一九七五年、七八ページ
（2）小倉親雄「「東京書籍館」——無料制の創始とその歴史的意義」、ノートルダム女子大学編「ノートルダム女子大学研究紀要」第九号、ノートルダム女子大学、一九七九年、一三—一四ページ
（3）西尾豊作『子爵田中不二麿伝——尾藩勤王史』咬菜塾川瀬書店、一九三四年、一—五ページ
（4）埜上衛「生涯学習の先覚者田中不二磨」、日本放送出版協会編『進む交流と機能』（「日本の「創造力」——近代・現代を開花させた四七〇人」第四巻）所収、日本放送出版協会、一九九三年、三七八ページ
（5）前掲『子爵田中不二磨伝』八—一一ページ
（6）佐佐木高行、東京大学史料編纂所編纂『保古飛呂比——佐佐木高行日記五』東京大学出版会、一九七四年、二五三ページ
（7）この条約改正の交渉や委任状取得のための一時帰国も、伊藤と森が中心となって進めていたことがわかる。同書二九一ページ
「華盛頓ニテ、使節、米国外務卿ニ面会ヨリシテ、専ラ日本ノ開化ヲ主張スルヨリ、遂ニ条約改正云々ニテ、大久保・伊藤両副使、帰朝シテ伺定メ来ルトノ風聞也（略）是ハ畢竟、伊藤副使・森（有

礼）弁務使ナドハ、何分飛切論ニテ、立派ニ条約改正シテ見セル見込アルヲ、大使モ副使モ皆同意トナリタル由ナリ」

（8）同書二五七ページ

（9）佐々木は木戸の見解の変化を次のように観察している。同書三一八ページ

「木戸又云フ、是レ迠皇国ニテ西洋ノ談ヲ聞ケルニ、実地ニテハ大ニ相違ノ廉アリ（略）因リテ思フ、木戸ハ書生等ニ交リ、西洋ノ新説ヲ聞キ、吾ガ旧習ヲ打破セネバナラヌノ念慮ヲ大ニ起シタルベケレ共、同人、性質トシテ、幾分カ半信半疑ヲ抱キシナラン」

また本山幸彦は、木戸孝允が帰国後も政府の開化政策に対して、急進主義的でも民権主義でもなく、漸進主義の立場から政府と人民がともに公事に励むことを望んだ「憲法制定意見書」を建議したことを明らかにしている。本山幸彦『明治国家の教育思想』思文閣出版、一九九八年、九七ページ

（10）一八七二年（明治五年）三月九日、槇村正直宛書簡、木戸孝允『木戸孝允文書』第十三巻所収、日本史籍協会、一九二九年、一二ページ

（11）一八七一年（明治四年）十二月十五日（木戸孝允『木戸孝允日記』第二巻、日本史籍協会、一九三二年、一二六—一二七ページ）

（12）一八七一年（明治四年）十二月十七日、杉山孝敏宛書簡、木戸孝允、妻木忠太編纂『木戸孝允文書』第四巻所収、日本史籍協会、一九二九年、三二〇—三二一ページ

（13）一八七二年（明治五年）五月九日、田中不二麿書簡、木戸孝允関係文書研究会編『木戸孝允関係文書』第四巻所収、東京大学出版会、二〇〇九年、四五二ページ

（14）一八七二年三月十九日（新島襄全集編集委員会編『新島襄の生涯と手紙』〔「新島襄全集」第十巻〕、同朋舎出版、一九八五年、一四三ページ）

「理事官は、教育と宗教について私が述べたことは、一つの点を除いて、彼の見解と大いに一致する、と言いました」

(15) 一八七二年三月二十八日（同書一四八―一四九ページ）

「木戸氏は使節団の中で最も有能な人であり、普通教育の偉大な友であります。同氏とはしばしば会って、国民教育に関する私の意見を話しました。それは徳性に基づくものでなくてはならないと主張しました。現在私はホテルで田中氏と一緒で、彼とも真の教育、すなわち魂の教育という主題について語り合うすばらしい機会にめぐまれています」

(16) 前掲『木戸孝允文書』第四巻、三二一ページ

「忠義仁礼之風起り確乎不抜之国基不相立候ては千年を期し候とも国光を揚る事不可知風を起す基之確定する只人に在り其人を千載無尽に期す真に教育に在る而已」

(17) 一八七三年（明治六年）一月三日、河瀬真孝宛書簡、前掲『木戸孝允文書』第十三巻、一―二ページ

「本邦之人心似寄候処も有之実に前途を相像いたし不覚煩心思中候近来は如何之光景に御座候哉格別御配意御尽力之御事と奉存候たとへ手間取候とも骨髄上より進歩いたしいつでも真似之出来候皮膚上之事は不言とも世間之少年或は当時へ媚従候徒疎無之候間日を逐ひ年をおひ候而漸々真境へ着実に国勢進歩仕候様只々万祈仕候」

(18) 一八七二年（明治五年）二月二十四日（前掲『木戸孝允日記』第二巻、一五二ページ）

(19) 一八七二年（明治五年）三月八日（同書一八三ページ）

(20) 一八七二年（明治五年）二月十二日、田中不二麿書簡、伊藤博文関係文書研究会編『伊藤博文関係文書』第六巻所収、塙書房、一九七六年、九九ページ

(21) 小林哲也「『理事功程』解説」、田中不二麿、文部省編『理事功程』所収、臨川書店、一九七四年、九ページ
(22)「合衆国教育略記」、同書巻之一所収、七丁
(23) この点についての関心はアメリカ以外の国に対しても共通していて、イギリスについての記述でも英国国教会と国会との間での教育への干渉の度合いに特に注目している。「英国」、同書巻之三、七〇丁
(24) 前掲「合衆国教育略記」巻之一、十一丁
(25) 同史料一丁
(26)「合衆国教育略記、麻沙朱色州規則」、前掲『理事功程』巻之一所収、三六丁
(27)「合衆国教育略記、新約克州学制略記」、同書巻之一所収、四〇丁
(28)「和蘭国教育略則」、同書巻之十二所収、八丁
(29) 一八七二年（明治五年）十月五日、西郷隆盛・吉井友実宛書簡、日本史籍協会編『大久保利通文書』第四巻所収、日本史籍協会、一九二八年、四四八ページ
(30) 一八七二年（明治五年）十一月二十日、大山巌宛書簡、同書四六八ページ
(31) 田中彰『岩倉使節団『米欧回覧実記』』（岩波現代文庫）、岩波書店、二〇〇二年、一〇九―一一一ページ
(32) 一八七四年（明治七年）五・六月頃、殖産興業に関する建議書（日本史籍協会編『大久保利通文書』第五巻、日本史籍協会、一九二八年、五六一ページ）
「大凡国ノ強弱ハ人民ノ貧富ニ由リ人民ノ貧富ハ物産ノ多寡ニ係ル而テ物産ノ多寡ハ人民ノ工業ヲ勉励スルト否ルトニ胚胎スト雖モ其源頭ヲ尋ルニ未タ嘗テ政府政官ノ誘導ノ力ニ依ラサル無シ」

(33) 東京書籍館書類「五 文部省出仕田中不二麿、博物館、書籍館の合併取止めを正院に上申」、東京国立博物館編『東京国立博物館百年史 資料編』所収、東京国立博物館、一九七三年、六ページ
「右両館施設之大旨ハ生徒教育ノ需要ニ相備へ傍ラ他之人民開知之一端ニモ及ホシ可申趣意ニ候得ハ博覧会ノ事務トハ固ヨリ相相違仕候ニ付合併ノ儀ハ被相止度」

(34) 中林隆明「東京書籍館成立と田中不二麿」(弥吉光長先生喜寿記念会編『図書館と出版文化――弥吉光長先生喜寿記念論文集』所収、弥吉光長先生喜寿記念会、一九七七年、一〇五―一二四ページ)ほか

(35) 森川輝紀「田中不二麿と教育令――近代教育の岐路をめぐって」、埼玉大学教育学部編「埼玉大学紀要 教育学部 教育科学」第三十五巻第二号、埼玉大学教育学部、一九八六年、四四ページ

(36) 高橋秀直は、明治六年政変の意義は、明治二年以降行政機構の中心にあった木戸派が崩れて主導権が大久保派へ移行したことにあるとしている。高橋秀直「征韓論政変の政治過程」、史学研究会編「史林」第七十六巻第五号、史学研究会、一九九三年、七七ページ

(37) 一八七四年(明治七年)九月十五日、杉孫七郎・野村素介宛書簡、木戸孝允、妻木忠太編纂『木戸孝允文書』第五巻所収、日本史籍協会、一九二九年、三六二―三六三ページ

(38) 一八七四年(明治七年)九月十五日、品川弥二郎宛書簡、同書三六〇―三六一ページ

(39) 一八七三年(明治六年)一月二十六日(前掲『木戸孝允文書』第四巻、三一二―三一三ページ)
「夜田中文部長与等と有約六字より長与の寓に至り田中と相会し文部省の事務且教育の事を談す」

(40) 一八七三年(明治六年)二月三日長三州宛書簡(前掲『木戸孝允文書』第五巻、七―八ページ)
「発航前小学校規則云々御噂有之候処田中長与二氏尤強巨細取調候ニ付氏より御承知被下度」

(41) 国立国会図書館支部上野図書館編『上野図書館八十年略史』国立国会図書館支部上野図書館、一九

五三年、二二―二三ページ。永井久一郎は作家・永井荷風の父親。

(42) 文部省編『文部省第三年報』(復刻版) 第一冊、宣文堂、一九六六年、三二―三三ページ

(43)『公文録文部省之部』第六十四巻、一八七五年(明治八年)八月―九月、文部省伺(布達)、幼稚園開設伺并再伺

(44)「理事功程緒言」、前掲『理事功程』巻之一所収、三―四丁

(45)『公文録文部省之部―明治八年六月全』、文書第十一「地方官会議御下問条件ノ内小学校設立保護方法ノ儀上申」

(46) 同史料

(47) 同史料

「私立小学ノ教科モ彼此其見ヲ異ニスルトキハ良法発出ノ機関トナリ漸次教育ノ進歩ヲ助クルニ至レルヤ必セリ故ニ一定の教則ヲ以テ尽ク之ニ従ハシメンヨリ寧ロ各自ノ異見ニ任セ其特絶ノ良法ヲ発出セシムルノ愈レルニ如カス況ヤ教授ノ方法ハ彼ノ欧米各国ノ経験ニ出ルモ其良法ヲ発明スルハ多ク之ヲ実際従フスル者ヨリ得テ其理ヲ机案上ニ論スル者ニ得ル所極メテ少ナキヲヤ」

(48) 同史料。田中は実際の学制運用にあたり次のように述べている。

「欧米各国ノ経験ニ出ルモ其良法ヲ発明スルハ多ク之ヲ実際従フスル者ヨリ得テ其理ヲ机上案ニ論スル者ニ得ル所極メテ尠キヲヤ然而テ嚮ニ学制ヲ頒布スルニ当テ(略)今尚私立小学校ヲ廃止シ又ハ其設立ヲ拒ムカ如キハ其宜ヲ得サルヘシ」

(49)「合衆国教育略記」、前掲『理事功程』巻之一所収、一丁

(50) 学校を補完するものとしての図書館理解は、一八七六年(明治九年)十二月に文部省が発行した「教育雑誌」にアメリカ合衆国教育局年報の「書籍館」の項目を抄訳して紹介した記事にもあらわれ

ている。「教育雑誌」第二十三号、佐藤秀夫編『明治前期文部省刊行誌集成』第七巻所収、歴史文献、一九八一年、二一九ページ

「小学ノ業ハ生徒退校ノ後ト雖モ之ヲ棄擲ス可ラス其丈夫タリ婦人タル本分ヲ妨ケサル方法ニ依テ之ヲ続成ス可コトハ教育ヲ重ンスル者ノ遍ク知ル所ニシテ公立書籍館ハ実ニ人智ヲ発育振作シテ小学ノ業ヲ続成セシムヘキ要具タリ是故ニ学ヲ好ム者金ヲ醵シ社ヲ結テ書籍館ヲ建タル者甚タ多シ然レトモ此制未民間ニ遍カラサルヲ以テ諸州往々各小学校区ニ書籍館ヲ設クルコトヲ学制ニ加ヘタル者アリ」

(51)文部省『米国百年期博覧会教育報告』巻三、文部省、一八七七年

(52)同書

(53)前掲『上野図書館八十年略史』三七ページ

(54)同書四一ページ

(55)三浦太郎「明治初期の文教行政における図書館理解――「公共書籍館」理念の成立をめぐって」「教育研究　青山学院大学教育学会紀要」第五十三号、青山学院大学教育学会、二〇〇九年、八三―一一二ページ

(56)『公文録文部省之部――明治十二年自七月至九月』、文書第九「教育令布告ノ件」

(57)土屋忠雄『明治前期教育政策史の研究』文教図書、一九六八年、一六九―一七〇ページ。これに対し本山幸彦は、伊藤がいう「当今ノ時勢」には自由民権運動の展開だけではなく、地方三新法と府県官職制の制定も含まれていて、伊藤は「教育令案」をそれまでの専制体制の自己修正の一環と捉えていたとしている。前掲『明治国家の教育思想』一一四―一一五ページ

(58)国立教育研究所第一研究部教育史料調査室編『学事諮問会と文部省示諭』(「教育史資料」第一巻)、国立教育研究所、一九七九年、一〇九―一一一ページ

(59) 前掲「田中不二麿と教育令」六一ページ
(60)「東京図書館明治十八年報」、前掲『帝国図書館年報』所収。『文部省第十五年報』復刻版(宣文堂、一九六七年)六五ページにも「濫読者ノ多キハ本館ノ望ム所ニアラサルヲ以テ前年来観覧料を徴シテ之ヲ防ゲリ」と同様の理由があげられている。
(61) 手島工業教育資金団編『手島精一先生伝』手島工業教育資金団、一九二九年、五〇—五一ページ
(62) "GOING TO JAPAN," *American Journal of Education*, January, 1873.
(63) 橋本美保「教育令制定過程における田中不二麿のアメリカ教育情報受容——アメリカ教育制度の研究とウィリアム・T・ハリスの影響を中心に」、教育史学会機関誌編集委員会編「日本の教育史学 教育史学会紀要」第四十三集、教育史学会、二〇〇〇年、三四—三五ページ
(64) 青木薫『ウィリアム・T・ハリスの教育経営に関する研究』風間書房、一九九〇年、三三九—三四四ページ
(65) "GOING TO JAPAN," pp. 340-341.
(66)「六 博覧会事務局、大博物館建設について、正院に上申」、前掲『東京国立博物館百年史 資料編』所収、六ページ
(67) 前掲「五 文部省出仕田中不二麿、博物館、書籍館の合併取止めを正院に上申」六ページ
(68) 前掲「公立書籍館ノ設置ヲ要ス」二一—二二ページ
(69)「書籍館」、前掲「教育雑誌」第二十三号、前掲『明治前期文部省刊行誌集成』第七巻、二六—三二ページ
(70) William I. Fletcher, "The Public Library Movement," *Cosmopolitan*, vol.18, 1894, p. 103.(前掲『アメリカ公立図書館成立思想史』一八一ページ)

「一つの事実が、非常に明瞭に浮き上がってくる。すなわち、アメリカの公立図書館（free public library）は、本質的にニューイングランドの制度である。ニューイングランド以外で多くの公立図書館があるところは、いずれもニューイングランドからの影響を強く受けたところである」

（71）Robert Ellis Lee, *Continuing Education for Adults through the American Public Library, 1833-1964*, American Library Association, 1966, pp. 10-11.

（72）前掲『アメリカ公立図書館成立思想史』一七九―一八一ページ

（73）同書一八〇ページ

（74）同書一八一ページ

（75）同書一八一ページ

（76）同書一五三―一五八ページ

（77）"The School Library," *Common School Journal*, vol.1, 1839, pp. 177-181.（前掲『アメリカ公立図書館成立思想史』一二四ページ）

（78）前掲「公立書籍館ノ設置ヲ要ス」二一―二二ページ

（79）前掲『アメリカ公立図書館成立思想史』一七一ページ

（80）"Free Town Libraries," *Common School Journal*, vol.13, 1851, pp. 302-303.（前掲『アメリカ公立図書館成立思想史』一七二ページ）

（81）"Our Common School System, No. XV, Public Libraries," *Common School Journal*, vol.13, 1851, pp. 257-264.（前掲『アメリカ公立図書館成立思想史』一五六ページ）

（82）"The School Library," pp. 177-181.（前掲『アメリカ公立図書館成立思想史』一二四ページ）

（83）「麻沙朱色州教育規則」、前掲『理事功程』巻一所収

(84) 一八七二年（明治五年）二月十二日、大木喬任宛田中不二麿書簡、国立国会図書館憲政資料室「伊藤博文関係文書」、伊藤博文関係文書研究会編『伊藤博文関係文書六』所収、塙書房、一九七八年、九八―九九ページ

(85) 国立国会図書館憲政資料室『伊藤博文関係文書』一八七二年（明治五年）二月十二日、大木喬任宛中島永元書簡

(86) 「和蘭国教育略則」、前掲『理事功程』巻之十二、八丁

(87) 前掲「公立書籍館ノ設置ヲ要ス」二一―二二ページ

(88) 前掲『ウィリアム・T・ハリスの教育経営に関する研究』

(89) Selwyn K. Troen, *The Public and the Schools: Shaping the St. Louis System 1838-1920*, The University of Missouri Press, 1975, p. 142（前掲『ウィリアム・T・ハリスの教育経営に関する研究』一四ページ）

(90) Harris, W.T "The library-language culture" Twenty-Second Annual Report of the Board of Directors of the Saint Louis Public Schools, 1876, pp. 165-166.（前掲『ウィリアム・T・ハリスの教育経営に関する研究』三四〇―三四一ページ）

(91) W.T. Harris, "University and School Extension," *Journal of proceeding and address*, 1890, p. 242.（前掲『ウィリアム・T・ハリスの教育経営に関する研究』三四七ページ）

(92) 前掲「五 文部省出仕田中不二麿、博物館、書籍館の合併取止めを正院に上申」

(93) Troen, *op.cit.*, pp. 165-166.（前掲『ウィリアム・T・ハリスの教育経営に関する研究』三四〇ページ）

「学校の適切な訓練でもって生徒は勤勉になり、図書館に生徒を解放することによって彼は学習者と

なるであろう。すべてのコミュニティで、すべての者に親しみやすく、便利で、完備した図書館が存在すべきである。その入館料は名目的な料金であるべきである。たとえ貧しくとも、彼らがそれから受ける特権のために、なにがしかの入館料が必要であろう。公立学校とその図書館は、そのコミュニティでの永続的な教育を可能にするものである」

(94)前掲「麻沙朱色州教育規則」

(95)湯川嘉津美「田中不二麿の幼稚園施策とその性格――教育令における幼稚園規定をめぐって」、香川大学教育学部編「香川大学教育学部研究報告」第一部第八十二号、香川大学教育学部、一九九一年、一七六ページ

(96)同論文一七五ページ

(97)「米国博覧会へ文部省吏員参臨伺」「明治八年十月文部省伺」『公文録文部省之部』国立公文書館
「学監ハリス氏曰ク、幼稚園ヲ設ケ其得失ヲ経験スル「僅ニ数年ナリト雖モ、成跡ノ美ナル大イニ望外ニ出テ公学校教師ハ皆公立幼稚園ノ設ケアラン」ヲ欲セリ。是レ他無シ。幼稚園ヨリ公学校ニ進級セシ生徒ハ、学業進歩ノ速ナル、行状ノ正シキ、他ノ生徒ノ比ニ非ラス。故ニ公立幼稚園ヲ設クルハ、却テ公学費用ヲ減スル一助ナリト」

(98)「明治八年九月文部省伺十二」、前掲『公文録文部省之部』
「幼稚園之儀ハ児輩ノ為メ良教師ヲシテ専ラ扶育誘導セシメ遊戯中不知々々就学ノ階梯ニ就カシムルモノニシテ教育ノ基礎全ク茲ニ立ツヘク逐次学事拡張ノ際先ツ於当省実地此ノ雛形ヲ設ケ」

(99)「朝野新聞」一八七四年十一月三日付（東京大学法学部明治新聞雑誌文庫編『朝野新聞縮刷版』第一巻、ぺりかん社、一九八一年）に英語の「パブリック」という語について解説した以下の記事があり、語意に共有・無料の意があることを示している。この時期に一般に使用されるようになったこと

がわかる。

「パブリックヲ以テ名付クベキ者ハ人民共有ノ物ニテ（パブリックガーデン）ト言ハヾ全国人民ノ園囿ナリ国王モ亦此園囿ヲ惣持ニスルウチノ一人ナルベシ博物館ニテモ書籍館ニテモパブリックノ物トイヘバ皆同様ナリ左レバ如何ナル者ニテモ此園囿ヤ博物館ヘ行クニハ切手モ入ラズ見物料モ払ハヌコトナリ」

(100) 前掲『米国百年期博覧会教育報告』巻三

(101) 前掲「明治初期の文教行政における図書館理解」九八ページ

(102) 前掲「パブリック・ライブラリーの思想とわが国の公共図書館」一二―一六ページ

(103) 前掲「公立書籍館ノ設置ヲ要ス」二一―二二ページ

(104) 同論文

(105) Harris, "University and School Extension," p. 242.（前掲『ウィリアム・T・ハリスの教育経営に関する研究』三四七ページ）

(106) W.T. Harris, "The public school library," *Nineteeth Annual Report of the Board of Directors of the l Saint Louis Public Schools,* 1873, p. 157.

(107) "The School Library."

(108)『ボストン市パブリック・ライブラリー理事会報告』ボストン市、一八五二年（再録：ジェシー・H・シェラ『パブリック・ライブラリーの成立』川崎良孝訳、日本図書館協会、一九八八年）

(109) 前掲「五 文部省出仕田中不二麿、博物館、書籍館の合併取止めを正院に上申」六ページ

(110) 前掲「公立書籍館ノ設置ヲ要ス」二一―二二ページ

第3章　東京遊学と図書館の発見

1　上京遊学と図書館

近代日本の図書館の利用は全国均等に始まったものではなく、ある時期までは、ほとんど東京一都市だけに集中していた。一八九〇年前後（明治二十年代）までの図書館制度草創期では、図書館を利用するという行為は、東京という一都市のなかで、官立公開図書館の利用を中心に発生した現象だった。

しかし一方で、この頃は、青少年の上京遊学が盛んな時期でもあった。「地方の少年秀才が前途青雲の志望を抱て都下に遊学を試みる者、毎年幾万を以て数ふ[1]」といわれ、一八八〇年後半から一九〇〇年頃（明治十年代後半から三十年代前半）にかけて、東京に居住して就学する青少年の数が急激に増加した。

一八九〇年前後（明治二十年代）になると、上京遊学者のためのガイドブックが出版され始める。代表的なものに『東京遊学案内』（黒川安治編、少年園、一八九一年）があるが、その明治二十五年版から、学校の案内に加えて遊学者が利用できる図書館の案内を掲載するようになる。学校や下宿、寄宿舎などと並んで東京での遊学に利用できる施設として図書館が認識されている点に、この時期の図書館観の特徴があらわれている。

一八九〇年前後（明治二十年代）の図書館閲覧者統計[2]にもみられるように、この時期の図書館利用者の大部分を占めていたのは「学生」と称される層であり、その多くは八〇年代後半（明治十年代後半）以降に急増した上京遊学者たちである。永嶺重敏は、図書館の利用者層の形成過程を分析して、明治期から戦後に至るまで、日本の公共図書館利用者の圧倒的大部分を占めたのが「学生」だったことを明らかにしている[3]が、ではこのような現象は、いつどのようにして形づくられたのだろうか。

2　職業資格試験による学習需要の発生

一八八〇年以後から九〇年前後（明治十年代後半から二十年代）は、社会制度の整備が進み、各分野で人材の養成と確保を急いだ時期でもあった。各種の職業資格試験制度が新設され、人々にそのための新たな学習の需要が生じるようになる。代表的なものは医師、弁護士（代言人）、教師であり、職業資格試験受験者が集中した東京では、その傾向が顕著だった。一八八八年（明治二十一年）に出版された小説のなかに、当時、東京上野にあった東京図書館の様子が描かれている。

此首の高卓に係りて法律書に眼を晒す人あり這は近日にありといふ判事登用試験に及第して一足飛の奏任官たらんと望む人ならん那處の隅に病理書に心を潜むる少年あり這は医学生にして他年業成るの日軍医と成るか侍医となるか是も勅奏の位置を望む人にやあらん爰を何處といふに是は上野公園なる東京図書館にてあり(4)

ここで言及している「判事登用試験」などの試験は、一八七六年（明治九年）に代言人規則が制定されて、その免許のために試験がおこなわれるようになったことに始まる法曹資格試験の一種である。八〇年（明治十三年）に代言人規則が改正され、全国統一の問題で試験が実施されるようになったが、この代言人試験が九二年（明治二十五年）まで続いたあと、九三年（明治二十六年）の弁護士規則の制定に伴って弁護士試験になる。八七年（明治二十年）当時の代言人試験の試験科目は民法・商法・刑法・民事訴訟法・刑事訴訟法の五科目だった。

一方、判事登用試験というのは一八八四年から八七年（明治十七年から二十年）まで実施された試験で、司法省で筆記と口述の試験がおこなわれ、これに合格すれば代言人ではなく裁判所の御用掛として採用された。この試験が九一年（明治二十四年）から判事検事登用試験になって一九二二年（大正十一年）まで続く。判事検事登用試験では、民法・訴訟法・刑法・治罪法・商法・行政の七科目のうち五科目についての筆記試験と三科目についての口述試験の第一回試験のあと、実地修習を受けて第二回試験に合格する必要があった。

一八八八年から九二年（明治二十一年から二十五年）までの代言人試験の受験者数が毎年ほぼ二千人前後であり、平均の合格率は約五・七パーセントだったことからすれば、これらの法曹資格試験は、当時からかなりの難関だったことがわかる。(5)

では、このような試験の科目について、受験者はどこでどのように学習したのだろうか。一八八〇年（明治十三年）の代言人規則の改正によって代言結社が禁じられたことが法律学校の成立を促したとされているが、八〇年から八五年（明治十三年から十八年）にかけて、東京には私立の法律学校が次々に設立されている。これらの学生の多くは代言人試験や判事検事登用試験の合格をめざす受験生であり、この時期の法律学校は試験のための予備校としての性格が強いものだった。

一八九〇年前後（明治二十年代）の明治法律学校の学生が郷里の父親に宛てた手紙のなかに、テキストとして書籍を購入したという記録がある。

陳レバ兼テヨリ御心配相掛申セシ所ノ入学試験ノ事ハ幸ヒ（略）充分ノ合格ニシテ入校相完ヒ候ニ付何卒御放神被下度候付テハ書籍抔モ漸々購求致サヾルヲ得サレ共最初ニハ仏蘭西法律及仏蘭六法ト申ス書必要ニ因リ去ル六日該書籍買求メ候(6)

文中に「仏蘭西法律」という書名がみえるが、一八八七年（明治二十年）までに『仏蘭西法律書』というタイトルの図書が、出版年と出版者を異にして少なくとも十四種類発行されている。[7]また、中金正衡／桜井精『仏蘭西法律民法略解』（吉松四郎、一八七五年）や高木重直編『仏蘭西法律書五法通語』（中村熊次郎ほか、一八七六年）などの関連する図書も多数発行されていた。

これらの図書は出版後すぐに東京図書館が所蔵しているが、一八九七年（明治三十年）までに出版され、東京図書館に受け入れられた図書をみると、「民法」「商法」「刑事訴訟法」など、先にあげた試験科目に関するものがそれぞれ数十から数百点を確認できる。[8]

また東京図書館は、このほかに『代言人試験問答』（吉田左一郎、一八九〇年）、『高等官・代言人・公証人・執達吏試験規則並問題集』（法律書院、一八九一年）などの試験問題集も各種所蔵していて、これらの蔵書は、試験勉強のための参考書として利用されたと考えられる。

一方、医師の資格試験についてみると、一八七三年（明治六年）に制定された「医制」に基づいて試験任用が始まっている。七九年（明治十二年）には医師試験規則が定められ、八三年（明治十六年）にそれが改正・整備されて、医術開業試験規則が制定された。

試験場は全国九カ所、年に二回、前期と後期に分けておこなわれ、試験科目は、前期試験が物理学・化学・解剖学・生理学の基礎学科、後期が外科学・内科学・薬物学・眼科学・産科学の臨床学科と臨床実験だった。この「医術開業試験」をおこなう時期が、その後一九一六年（大正五年）まで続く。受験者数は一八八二年（明治十五年）で約千百人であり、八七年（明治二十年）から九二年（明治二十五年）までの間は、年二回の試験を毎回約二千三百人が受験している。[9]九七年（明治三十年）でも大学卒業を含めた「学校卒業」の医師数五千九十人に対して、「試験及第」による医師が八千四百六十七人と圧倒的に多数[10]だった。

医師試験や医術開業試験受験者の修学先として最も多かったのは、私立医学校の済生学舎[11]だった。済生学舎は医師資格試験の予備校に徹していたところに特色があった学校で、入学試験もカリキュラムも学年制もなく、朝の五時から夜の九時までおこなわれる講義を、学生はどれだけ聴講してもよかった[12]。

教師の資格試験で受験者が多かったのは、一八八四年（明治十七年）に制定された中学校師範学校教員免許規程に基づく検定試験である。和文、漢文、英語、算術、代数、物理、歴史、図画、体操など学科ごとに学力と授業法をあわせて検定したあと、合格者に教員免許状が与えられるが、この教員検定試験の予備校として機能していたのが、東京に多くあった私立の専門学校や各種学校だった。国民英学会、正則英語学校、国学院、哲学館、東京物理学校、攻玉社、東京体操伝習所などそれぞれの専門を掲げる学校が多数あり、これらの学校の在学生ばかりでなく、講義録や参考書による独学で受験する者も多く、特に社会的地位が低かった小学校教員のなかには、この検定試験によって中等教員をめざすものが多かった[13]。

「ふつうはうまくいっても前期三年、後期七年の受験準備期間が必要[14]」といわれていたように、医師資格試験の志望者はかなり長期間にわたって受験勉強をしていたようである。また医学校に学ぶかたわら図書館に通い、蔵書を使って勉強することもよくおこなわれていたようで、医学書が比較的高価であることから図書館の蔵書が利用されていたという面もあった[15]。

東京図書館には医師試験や医術開業試験科目のテキストになるような医学書がそろっていた。それだけでなく試験問題集の類いも豊富に備えられていて、医術開業試験問題・答案集と題するものを、明治期に出版されたものだけで少なくとも十四種類、年度と版を追って収蔵している。さらに、医学校の講義録と思われるものも百十八タイトル所蔵していた。

明治期を通じて、法律や医学の専門書には翻訳書が多いが、それらの図書の翻訳を進めていたのは翻訳局であり、翻訳局編の図書は、刊行されるごとに東京図書館に納本されることになっていた。[16]また、そのほかの出版物についても、公刊の際、出版条例に基づく検閲のために内務省に提出された数冊のうちの一部が東京図書館に納本される。一八七五年（明治八年）に始まったこの納本制度によって、法律学校や医学校の講義録、また、資格試験の問題集なども、国内で出版されたものはすべて東京図書館に所蔵されることになる。

法律や医学の専門書、外国語の原書やその翻訳書、さらには講義録や試験問題集まで、職業資格試験の受験勉強という新たな学習の需要が発生したときに、受験者の要求に応えるような資料がそろっていた数少ない施設が東京図書館だった。

一方、法律学校や医学校などの私立の専門学校は、一八九〇年前後（明治二十年代）には、講義以外に学生に対して学習情報や学習空間を十分に提供しているとはいえなかった。「明治法律学校は名だけは堂々たるものであるが、教場は講堂一つきりという小さなもの[17]」という明治法律学校には、一八八六年（明治十九年）に書籍室という一室が設けられたほかには学生が図書を閲覧できるような施設はなく、「医学校とはいふけれども大道店[18]」と評された私立医学校・済生学舎にも、九五年（明治二十八年）頃の校舎には、講堂や病室は設けられているが、図書館のような施設はみられない。[19]

図書館組といふのは、見たい本を借る事もせず、買ふこともせず、またそれがインポッシブルなので、図書館といふ簡易学校に通ふ連中を指すのである（略）学校の中でも早稲田組であるとか、三田派であるとかいふ連中は、図書館組たらざるものである、これは蓋し各自の学校に立派なる図書館を有して居るに縁由する。[20]

という新聞記事からすれば、職業資格試験受験者である学生の、東京図書館（のちに帝国図書館）の利用頻度は、在籍する学校の図書館の整備の進み具合によって変わるものでもある。明治法律学校で、文庫の拡張の必要性を校長・岸本辰雄が表明したのが一九〇〇年（明治三十三年）十月、新築校舎が竣工して図書館が整備されたのは一一年（明治四十四年）十月のことだった。[21]

3　職業資格試験受験者による図書館利用

実際に職業資格試験の受験者は、法律学校や医学校などの学校で学ぶ一方で、図書館にも通って受験準備をしていた。

当時Ｆ氏は本田恒虎弁護士の書生をしていたが、本田はＦ氏が七月に明治卒業ののち数ヶ月、毎日、上野図書館に開館から閉館までがん張って〝判事検事登用試験〟の受験準備に専心するのを許してくれた。この年十一月、Ｆ氏は目的の試験に第五位で合格の発表を知った。これはこのころ国家試験で一ばんむずかしいと言われたものである。それを数え年二十三歳、しかも一回の受験で合格した。[22]

また、一八九六年（明治二十九年）に弁護士試験規則と判事検事登用試験規則がそろって改正され、九七年度から両試験とも試験科目が増えたが、これによって図書館を利用していた受験生に大きな影響があったことが、当時の新聞で報じられている。

判検事並びに弁護士試験科目は従来民法、商法、刑事訴訟法、民事訴訟法、普通刑法なりしに来月四日の秋期試験よりは憲法、行政法、国際公法、国際私法等加はりたれば受験者の書生連は大騒ぎにて、昨今は朝早くより上野公園内の図書館に押し懸くる者共日々数百人に及べり然るに此等の連中の目指す書籍は憲法の注解書は穂積八束、有賀長雄、伊藤博文、本野一郎、行政法は織田萬、一木基徳郎、穂積八束、国際法は藤田隆三郎、中村進午、以太利人パラルメストロー訳本、同私法は平尾亨、板垣不二男、中村進午等の著書なるが書籍に限りあればわれこそ先に借入れんと血気の壮年輩は、毎年同館の開門を待懸け、往々腕力沙汰に及ぶより、門衛は屢々生傷を負ふ抔大騒ぎなりといふ。[23]

この記事であげているテキストは、いずれも出版後すぐに東京図書館に収めたことが確認できるが、いずれも所蔵が一部ずつだったため、しばしば奪い合いのような状況が生じている。

一方、医術開業試験についてみると、試験規則制定時の医務局長だった長与専斎が「試験の程度をすゝめて純正なる国家的試験に適応」させなければ、とても「医師制度を完備したるものとは謂[24]」えないと嘆いたように、試験問題や私立医学校の教育水準からみても、医術開業試験の受験者にとっては、西洋医学を系統的に学習することは困難だったようである。

そこで、過去の試験問題の解答を丸暗記するなど、試験の合格だけをめざした勉強がおこなわれていたようでもあり[25]、それならば、臨床実験を学ぶことができる予備校としての医学校と、あとは図書館の書籍、それも試験問題集のようなものによる勉強であわよくば合格をねらうことも多かった。なかには図書館での独習だけで試験に合格する者もあった[26]。

上京して就学しようとする青年たちの数少ない情報源だった『東京遊学案内』は、一八九〇年(明治二十三年)の創刊時から、毎年必ず東京市内の図書館の利用案内を掲載している。また、九〇年前後(明治二十年代)から出版され始めた「東京就学案内」や「苦学案内」といった案内書には、勉強のための施設として、夜学校とともに図書館が紹介されていて、「学校へ通つて教師の講義を聞かんでも研究が出来る科目なれば(略)図書館で読書すれば充分の勉強が出来る[27]」とか、「法律の学問程、独学で理法を覚え易きものはない[28]」などという助言もなされている。

三宅雪嶺は雑誌記事のなかで「図書館というものは、普通に買うとか借りるとかできる書籍以上に広く参考書を取調べなければならない場合に必要なものであるのに、日本の図書館では講義録も此処で読む、小説も此処で読むという有様で、全く図書館の目的を没却して居る者が多い[29]」と嘆いているが、法律書や医学書などの一般の書籍だけでなく、講義録や試験問題集など受験用の図書が、すでに一八八〇年代（明治十年代）から多く図書館に所蔵されていたことが、職業資格試験受験者の図書館の利用を促したといえる。

4　図書館政策の変化と利用の変化

わが国の官立公開図書館は、一八七二年（明治五年）に書籍館として設立されて以来、所管・名称などの変遷を重ねて、九七年（明治三十年）に帝国図書館となる。このなかにあって、八〇年（明治十三年）から九七年（明治三十年）までの東京図書館だった時期は、東京市の公共図書館としての成功のあと、東京教育博物館との合併に伴う移転とともに、学術参考図書館としての性格が確立され、国家の中央図書館としての帝国図書館に接続する準備段階になった重要な転換期だった。

東京図書館は、一八八〇年（明治十三年）の開館から八五年（明治十八年）までの湯島聖堂にあった間は入館料（閲覧料）が無料だったが、上野に移転して以後は有料になったという経緯がある。この入館料（閲覧料）の無料制は、七五年（明治八年）に文部省所管の東京書籍館として開館したときに始まる。

前述のように、東京書籍館は、最初に設立された書籍館が、一八七三年（明治六年）に博物館とともに太政官の博覧会事務局に移管されたあと、再度、新たに文部省が設立した図書館である。文部大輔・田中不二麿による教育政策の一環として、それ以前の博覧会事務局所管の書籍館とは異なり、意図的に公共図書館（free public library）として新たに設立・運営された点に東京書籍館の特徴[30]があるが、この東京書籍館が七七年（明治十年）に一時的に東京府に移管されたあと、三年ぶりに文部省の所管に戻って、あらためて開館したのが東京図書館である。

設立の趣旨を謳った規則を比べると、東京図書館の規則は明らかに東京書籍館の規則の文言を継承したものに戻っていて、このことからも東京図書館が、運営面で東京書籍館を継承していたことがわかる[31]。

ところが東京図書館は、一八八五年（明治十八年）十月に東京教育博物館との合併のために上野に移転した頃から次第にその運営方針が変化し、国内の出版物を保存するための参考図書館としての性格を強めることになる。

このことには、書籍館に対する政策の変化が影響している。一八八〇年（明治十三年）十二月公布の改正教育令（第二次教育令）下での政策の基本方針解説のため、八二年（明治十五年）に配布された『文部省示論』のなかに書籍館に関する記事があるが、それによると書籍館を利用対象者によって区分すべきだとしている。ここでは書籍館を①「学士著述者等」、②「庶民」あるいは「下流人民」、③「教員生徒」のための三種類に分け、さらに②「庶民」あるいは「下流人民」と③「教員生徒」のための書籍館を、①「学士著述者等」のための書籍館から区別して、「学校生徒庶民等ノ為ニ設クル所ノ書籍館ニ准備スル書籍」については、「不良ノ書籍」を取り締まることが特に重要だとした。

わが国最初の教育法制である「学制」（一八七二年〔明治五年〕）に代わり、田中不二麿文政下で定められた教育令（一八七九年〔明治十二年〕）は、教育行政で地方の自由を認める方針だったのに対し、その点を修正した改正教育令（一八八〇年〔明治十三年〕）は、国家の統制と政府の干渉を基本方針にしたところに特徴がある。書籍館に対する利用対象別の区分も、このときの統制化と標準化、秩序維持政策の一環と考えられるが、このような教育政策の転換によって、東京図書館は東京書籍館を継承した広く一般の人々に開放する公共図書館から、「学士著述者等」のためのものとしてほかとは区分する特別な図書館へと整備されていく。

まず、上野への移転が完了した一八八五年（明治十八年）九月に「本館図書ハ従前無料ニテ求覧ヲ許シタレトモ」「唯求覧人員ノ増加スルノミニシテ頗ル雑沓ヲ極メ真正読書ノ人ヲ妨ルノ弊ナキヲエザルヲ以テ」という理由で「一人一回分ヲ金一銭五厘トシ別ニ篤志者ノ為メニ十回分金十銭」[32]の閲覧料が徴収されるようになる。

また、それまで「文部卿ノ特許アル者」に対して館外貸し出しがおこなわれていたが、「該特許票ヲ有スル者既ニ百名以上」に達し、「館外貸出ノ図書毎ニ五百余冊ニ至リ来館求覧者ノ便ヲ欠クコト少カラサル」状況になったため、以後、館外貸し出しは「複本ノ蔵書アルモノニ限ル」[33]ことになった。

同時に、上野に移転したために「其ノ地ノ僻在シテ求覧者ノ往復ニ便ナラザルヲ以テ」という理由で、東京書籍館以来続けられてきた夜十時までの夜間開館も廃止される。[34]続いて一八八八年（明治二十一年）八月には満十五歳未満の幼年者の入館を停止し、その翌年の八九年（明治二十二年）には、蔵書中の「通俗ノ図書数百部[35]」を十年間、大日本教育会書籍館に貸与することになる。この通俗図書の貸与には、東京図書館を一般的な公開図書館から学術書などの収集・保管を中心にした参考図書館に改組する計画の一環として、大日本教育会書籍館を普通図書館として整備充実させようとする文部省の意図を含んでいた。[36]

以上のような移転に伴う一連の改変で、当時の唯一の官立公開図書館だった東京図書館は、読書施設としては格段に使いにくいものになり、規則改定後の一八八五年度（明治十八年度）の求閲人員数は七万三千七百七十一人、貸付（閲覧）冊数は二十九万四千五冊と、それぞれ前年に比べて四万千二百十五人、十八万三千二百八冊少なくなっている。[37]さらに八九年度（明治二十二年度）には、それぞれ前年から七千六百四十六人、五万五千四百六十八冊も減少しているが、これは「本年ヨリ純然タル参考図書館タラシメント企画セシニヨル[38]」措置であり、計画的なことだったようである。

さらに同年（一八八九年〔明治二十二年〕三月）、東京図書館官制が公布され、独立機関としての体制が整えられたあと、図書館事業研究のため文部省からアメリカ・イギリスに派遣されていた田中稲城が帰国して、一八九〇年（明治二十三年）に館長に就任する。

田中は早速、「東京図書館経費節減ニ関スル意見要項」などの意見書をあらわし、東京図書館はわが国唯一の国立図書館であるから、外国の例に照らして規模を拡張して国家の中央図書館として相当なものに整備すべきことを力説している。

その後の田中による運動もあり、日清戦争を経て、一八九六年（明治二十九年）に「帝国図書館ヲ設立スルノ建議案」が貴族院に提出され、九七年（明治三十年）に帝国図書館官制が公布されて、東京図書館が帝国図書館として位置づけられるに至る。

このようにみれば、最初の書籍館から戦後の国立国会図書館までの、わが国の官立公開図書館の流れのなかにあって、一八八〇年（明治十三年）から九七年（明治三十年）までの東京図書館の時期は、公共図書館（public library）としての東京書籍館から、国立図書館（national library）としての帝国図書館へと、図書館としての性格や位置づけを変化させた時期だったことがわかる。そして、当時まだ「僻在」の地とされた上野に移転したことの影響もあって、利用者層が変化した転換期でもあった。

入館が有料になり、夜間開館をとりやめても、それでも〝上野の山〟に通ってきたのはどのような利用者だったのか。それは、資格試験による地位上昇のために試験勉強をする若者たちだった。

5　上京遊学者による図書館の発見

柳田泉は、上野移転前の東京図書館について「世の中がまだせち辛くない頃のことゝて、閲覧手続も至極簡略であり（略）うれしいところであった」[39]という回想を残しているが、神田に近い湯島にあって、東京市の公共図書館としての機能を果たしていた東京図書館は、開館以来、来館者数が毎年一万人以上増加し、一八八四年（明治十七年）度には年間十一万人を超えている。「場中ニ復タ余地ナク頗ル雑沓ヲ極ム」[40]るような状況が続いたあと、一転して八五年（明治十八年）六月に上野の東京教育博物館と合併して移転することになる。

新聞記事をみると、図書館については、蔵書数や入館者数を報じたもの[41]のほかに、「傘が紛失する下駄がなくなる殊によると弁当の菜までも喰はれてしまふことが有り上草履などハ勝手に履かれてしまふ」[42]という被害にあったことについての記事や、「書生風の男が来て英和字彙ヲ借覧したうえ贋造の出入印鑑を出して其の字書を持たまゝ逃げ去」[43]ったという、図書館で起きた盗難事件までも報じている。また、「岩手県士族の村山金治（十九年）ハ去る頃より出京して下谷練塀町の英学校に入り学問怠たりなく勉め励み少しにても暇有る折りハ上野の書籍館と昌平館あとの東京書籍館へ行きて広く群籍を渉猟るうち東京書籍館にて度々顔を見合す若い男と物云ひ交し」[44]、その男を信用したために金品を騙し取られたという記事もあって、当時の図書館が、盗難や詐欺が起こるほど日常的に人が出入りする場所だったことがわかる。

上野移転後は学生の利用がますます目立つようになるが、博物学者の南方熊楠も、大学予備門の学生時代から通っていた。[45]また、「上野公園の図書館は諸学校休業になりしため近頃縦覧人頗る増加せり」[46]「同館は日中と雖も山中に在りて大に風通し宜しければ諸学生は避暑旁々同館に参観する者多し」[47]などの記事からすれば、町中から離れたこともいとわずに、学生は上野の図書館に集まってきたようである。

一八九五年（明治二十八年）当時の東京図書館の様子がうかがわれるものに次のような一文があ

る。

秋の悲しさを知らぬ顔に名も春めける音楽学校の向ひに芝生の土手を左右にして黒渋塗の厳しき門あり、右の柱に掲げたる木札にて東京図書館とは知られたり。（略）数多の蒼白き勉強家らしき人々、あるは塵だらけなる古びたる本にめげもせず、あるは虫ばみたる記録書の中をこゝかしこ探り、あるはノオトブックに抜萃するもあり、六尺に余る大いなる窓を十余ケ所にあけたれどもなほ薄暗き許りにむらがり居る学生紳士、和書漢籍さては蟹の這ふ横文字の洋書に一心にさらしたる眼をば、今しも入り来りし吾跫音に驚かされてか、一斉に吾方にさしむけつ、近眼鏡をかけたる眼、色眼鏡をかけたる眼、ねむげなる、悲しげなる、幾百の眼、皆吾かたにあつまりぬ、やがて二三秒、いつしかに元に復し、しわぶきの音、ペンをけづる響、颯々として金飈落葉を掃ふが如き鵞ペンの走る音潑々として錦魚池心に躍るかと疑はるゝ洋紙をまくる声折々満室の寂静を破る書籍出納掛の足音と相和して只時々に耳に入るのみ。但見る黒羽織に観世捻の紐を結び、藍微塵の糸入縞の袷きたる二十四五の男子の借らんとて借覧用紙に書いつくるは何がしの解剖学、くれがしの薬剤学、最後に書きつけしは、此人千駄木の博士を羨みてにや鉄腸居士の花間鶯なりけり、紺へエルの垢染みたる背広を着ながし、綿スコッチの赤糸入茶柄のヅボンを穿てる学生は、その姿にも似もやらで徒然草文段抄、湖月抄などを借らむとするは奥ゆかしけれど規則通り三部借らぬは口惜と思へるにや、新刊の亜細亜なるぞ片腹いたき。(48)

満室に近い数の人々が、筆記のペンの音が聞こえるほど静かに読書する場所として描写されていて、服装など利用者の風俗もあらわれているが、このなかでも学生らしき青年たちが医学書や文学書などを借り出している。東京在住の学生が「学問怠たりなく勉め励み」、「群籍を渉猟[49]」するために図書館を利用していたことがわかる。

女性の来館者が少なかったなかで、樋口一葉が頻繁に通っていたのは、日記によれば一八九一年から九二年（明治二十四年から二十五年）頃にあたる。この頃の東京図書館に同じく通っていた薄田泣菫の随筆に次のような一節がある。

ところは上野の図書館であった。図書館といへば、私は四年ばかりもそこに通ひ続けてゐたので、そのうちには、名も知らぬ顔馴染も、かなり沢山出来るには出来たが、年を重ねてまであすこへ通ってくるのは、大抵は医者、判検事、弁護士などの試験応募者に限るので、年々の試験が済むと、その半分程は何処か消えていって、二度と顔が見られなくなってしまふ。[50]

図書館に通っているような人には「試験応募者」が多いという印象は、一八九〇年前後（明治二十年代）には一般的になっていたようだが、東京図書館が帝国図書館になったあとの一九〇二年（明治三十五年）に、館長の田中稲城が、図書館の近況について次のように語っている。

世間の人は此処には左程の来観者がない。図書館は何をしておるかと云ツて居りましたが、近頃は非常に殖えて四百人も平均這入る様になりました、処が今度はソレは皆学生ぢやと云ツて図書館を悪く云ふ、成程確かに大部分は書生には違いない、書生でも悪いことはなからう、ソレだけの来観者があればソレだけの効用があるに違ひないのであります。(51)

「学士著述者等」のための帝国図書館を実際に多く利用したのは「書生」だったが、この資格試験の勉強をする「書生」は、「文部省示諭」の書籍館の利用対象者別区分には想定がなく、したがってどこにも区分できない、しかし、その性格からどの区分にも入れることができるような利用者だった。「庶民」や「下流人民」のための図書館は、東京図書館から通俗図書を貸与された大日本教育会書籍館や、一九〇二年（明治三十五年）設立の私立大橋図書館のほかには、〇八年（明治四十一年）以降に東京市立図書館が設置され始めるまでは東京市内にもなく、「教員生徒」のための学校図書館も、帝国大学や慶應義塾など一部の学校を除いて、まだ十分に整備されていない。

そのような状況に、このような利用対象者別に図書館（書籍館）を区分する政策とはまったく関わりがないところから図書館に対する利用の需要が生じたのが、職業資格試験受験者による利用だった。「書生でも悪いことはなからう」という田中稲城の言葉は、政策と実態のずれのなかで、職業資格試験受験者の利用を帝国（東京）図書館が受け入れたことを示している。

こうして、わが国の官立公開図書館は、その初期から多数の受験生の利用者を抱え込みながら発展していくことになった。その端緒になったのは、職業資格試験制度が確立し、東京図書館が国立図書館化していった一八九〇年前後（明治二十年代）だった。

注

（1）黒川安治編『東京遊学案内』少年園、一八九一年、一ページ
（2）前掲「書籍館報告」七一一―七一三ページ
（3）前掲「明治期の公共図書館と利用者」二六三ページ
（4）咲花まだき『万年青鉢植』金泉堂、一八八八年
（5）奥平昌洪『日本弁護士史』巌南堂書店、一九一四年（巻末付表から算出）
（6）明治法律学校学生（一八九二年〔明治二十五年〕卒業）濱田芳太郎書簡、明治大学創立100周年記念事業委員会歴史編纂委員会編『図録・明治大学百年 1881―1981』所収、明治大学、一九八〇年、五〇ページ
（7）一八九二年（明治二十年）までに発行された『仏蘭西法律書』というタイトルのものには、以下のようなものがある。『仏蘭西法律書』翻訳局訳、文部省、一八七五年、『憲法、民法』翻訳局訳（箕作麟祥訳、「仏蘭西法律書」上巻）、弘令社、一八八二年、『仏蘭西法律書』上・下、翻訳局訳、坂上半七、一八七六年、『仏蘭西法律書　憲法・民法　増訂』博聞社、一八八七年、『仏蘭西法律書』翻訳局訳、岡島真七、一八七八年
（8）現在、国立国会図書館の目録で所在が確認できる所蔵点数は以下のとおりである。
「民法」四百九、「商法」二百八十六、「刑事訴訟法」百、「訴訟法」二百六十四、「刑法」五百十八、

「治罪法」二百九十四、「行政」百八十五、「財産法」六、「契約法」二十三、「証拠法」二十一、「憲法」三百八十一、「行政法」七十一、「国際公法」三十七、「国際私法」二十五
(9) 川上武『現代日本医療史――開業医制の変遷』勁草書房、一九六五年、一二六―一二七ページ
(10)『医制八十年史』厚生省、一九二八年、八〇七ページ
(11) 小宮山道夫「医術開業試験制度成立の意義――試験審査表の分析から」、広島大学教育学部編「広島大学教育学部紀要 第一部 教育学」第四十六号、広島大学教育学部、一九九七年、一九二ページ
(12) 唐沢信安『済生学舎と長谷川泰――野口英世や吉岡弥生の学んだ私立医学校』日本医事新報社、一九九六年、四一―四四ページ
(13) 天野郁夫『増補 試験の社会史――近代日本の試験・教育・社会』(平凡社ライブラリー)、平凡社、二〇〇七年、二〇二―二〇三ページ
(14) 中山茂『野口英世』(朝日評伝選)、朝日新聞社、一九七八年、五四ページ
(15)「図書館より上野公園も帝国図書館で聴く」「やまと新聞」一九一〇年八月四日付
「なぜ医書が斯くまで愛読されるかと調ぶれば、医師の試験を受ける人が多いのと医書は他の書籍と異つて、値段が高いから書生の経済を以ては容易に買へないことに原因する」
(16) 一八七四年(明治七年)の太政官達第二十五号で、省使府県で刊行した図書は書籍館に提供することを定めた。
(17) 佐藤慶太郎翁伝記編纂会編『佐藤慶太郎』大日本生活協会、一九四二年、八三ページ
(18) 梅沢彦太郎『近代名医一夕話 日本医事新報臨時増刊』日本医事新報社、一九三七年、三八二ページ
(19) S・M「済生学舎の跡を訪ねる(1)」「日本医事新報」第千四百三十九号、日本医事新報社、一九

五一年、三二七八―三二八〇ページ
(20)「読書家研究」「毎日電報」一九〇九年五月十日付
(21)明治大学学報発行所編『明治大学五十年史』明治大学学報発行所、一九三一年、二七ページ
(22)布施柑治『ある弁護士の生涯――布施辰治』(岩波新書)、岩波書店、一九六三年、二三ページ
(23)「上野図書館の騒擾 弁護士試験加重」「報知新聞」一八九七年九月十四日付
(24)長与専斎「松香私志」一九〇二年、小川鼎三/酒井シヅ校注『松本順自伝・長与専斎自伝』(東洋文庫)所収、平凡社、一九八〇年、一五五―一六〇ページ
(25)棠洲狂夫「医術開業免状ノ価格ヲ論ス」「刀圭雑誌」第九十二号、刀圭雑誌社、一八八一年
「或ル少年医生ノ如キハ曾テ大坂病院ニ通学シ稍才智アレドモ常ニ甚タ勉強セス唯同人中ニ奔走シテ専ラ開業試験ノ問題ヲ輯録シ特リ之レノミニ拠リテ習読シ半途通学ヲ廃シテ忽チ医術開業試験ヲ受ケ以テ僥倖ヲ万一ニ望ミシニ図ラサリキ其成績適中シテ果シテ免状ノ下付アルニ至リシ」
(26)「図書館から女医」「中外商業新報」一九一一年三月一日付
「昨年女医になった池内といふ娘は家事の手伝ひをする隙を偸んでは図書館に来て医学を独習し図書館勉強で以て遂に芽出度医術開業試験に合格したさうだ」
(27)吉川庄一郎『東京苦学案内――自立自活』保成堂、一九〇一年
(28)「現代独学法」「成功」一九〇五年五月号臨時付録、成功雑誌社、一九〇五年
(29)三宅雄次郎「図書館勉学法」「成功」一九〇六年六月号、成功雑誌社
(30)小倉親雄「「東京書籍館」――無料制の創始とその歴史的意義」、ノートルダム女子大学編「ノートルダム女子大学研究紀要」第九号、ノートルダム女子大学、一九七九年
(31)「本館設立ノ主旨ハ、所有ノ書籍ヲ内外人ノ求覧ニ供スベキヲ以テ、此規則ニ照準スルトキハ、何

人ニテモ登館シテ適宜ノ書籍ヲ展覧スルヲ得セシム」（東京書籍館規則）
「本館一切ノ所費ハ、地方税ヲ以テ之ヲ支弁シ、館有不足ノ書籍ヲ購充及他ノ贈寄委託ノ書籍ヲ保護ス　本館所蔵ノ書籍ハ、内外人ヲ不問、其借覧ヲ許ルス」（東京府書籍館規則第一章）
「本館設立ノ主旨ハ、所蔵ノ図書ヲ内外人ノ求覧ニ供スルニアルヲ以テ、此規則ヲ遵守スル者ハ、何人ヲ論セス、登館シテ適意ノ図書ヲ展覧スルヲ得ヘシ」（東京図書館規則第一章）

(32)「東京教育博物館ト合併及規則改定ノ件」、前掲「東京図書館明治十八年報」八五ページ
(33)同論文
(34)同論文
(35)「書籍館」、『文部省第十七年報』（復刻版）、宣文堂書店、一九六七年
(36)「本会書籍館開館式ノ景況」「大日本教育会雑誌」第八十九号、大日本教育会、一八八九年（再録：『近代日本教育資料叢書 史料篇二』宣文堂書店出版部、一九六九年）
「恰モ佳シ文部省ニ於テ東京図書館ヲ参考図書館トシ、高尚ノ地位ニ進メ、本会書籍館ヲ改良シテ普通書籍館トセバ、同館所蔵ノ書籍ヲ貸付スベシトノ示諭ヲ辱フセリ」
(37)「求覧人員ノ件」『明治十八年東京図書館年報』（再録：『文部省第十三年報』〔復刻版〕、宣文堂書店、一九六七年）
(38)前掲「書籍館」『文部省第十七年報』
(39)柳田泉『幸田露伴』真善美社、一九四七年、四六ページ
(40)「将来須要ノ件」『明治十四年東京図書館年報』（再録：『文部省第九年報』〔復刻版〕、宣文堂、一九六六年）
(41)「東京日日新聞」一八七九年六月二日付

「此の頃取調べになりたる書籍館に蔵書の数は和漢書及び新刊書七万六千四百九十七冊六百四十帖二百九十九幅四百六十六拆六千六百卅枚七百四十九鋪四百卅九軸六百十七種百二十二箇百零七把。交託三千五百零七冊二百七十二種合部数一万五千八百廿三部〇洋書一万四千零九十六冊二十五幅八十九枚四鋪三百七十八種。交託八十五冊。合計一万四千六百七十七冊部数六千六百卅部総計十万零五百零廿二冊此部数二万二千四百五十部なりと云ふ

『東京横浜毎日新聞』一八八四年(明治十七年)四月五日

東京図書館に於て去月一日より三十一日迄三十一日間に図書閲覧人数は九千九百六十八人(平均一日三百廿一人強)にして其の内館内借覧の分九千八百四十人館外帯出の分百廿八人とす又貸付せし図書数は四万二千二百六十冊(平均一日千三百六十三冊強)にして其の内館内貸付四万千四百七十五冊館外帯出七百八十五冊とす此の内和書八千百九十五冊漢書六千九百十二冊新書二万四千五百八十二冊洋書二千五百七十一冊なり」

(42)「読売新聞」一八七八年四月十四日付

(43)「読売新聞」一八八〇年五月二十三日付

(44)「読売新聞」一八八三年五月十七日

(45)南方熊楠書簡(矢吹義夫宛、一九二五年〔大正十四年〕一月三十一日付)

「明治十七年大学予備門に入りしも、授業などを心にとめず、ひたすら上野図書館に通い、思うまま和漢洋の書を読みたり」

(46)「図書館の繁昌」「読売新聞」一八九一年七月九日付

(47)「上野図書館」「読売新聞」一八九二年八月二十四日付

(48)広瀬尾山編『記事論説帝国作文案内』愛智堂、一八九五年

(49) 前掲「読売新聞」一八八三年五月十七日付
(50) 薄田泣菫「『たけくらべ』の作者」『薄田泣菫全集7 随筆篇』創元社、一九三九年
(51)「図書館談(八)」「日本」一九〇二年四月八日号、日本新聞社

第4章　読書装置としての貸本屋と図書館

1　新式貸本屋の出現

江戸時代に広く流通するようになった商品としての本は、大きく「物之本」と「草紙」の二種類に分かれていた。「物之本」とは、教養書や実用書のことであり、「草紙」とは、挿絵が入った読み物や物語をさすが、貸本屋ではなく販売を目的とした書店で扱われていたのが「物之本」だった。「本屋」という語は「物之本屋」の略語から生まれたもので、客が店で買い求めるような本こそが「物之本」だったといわれているが、[1]これに対して「草紙」というのは、基本的に娯楽や時間つぶしのための読み物であり、そのような読み物は一度読めばすむことからわざわざ買い求められるものでもなく、店頭売りはほとんどなかった。草紙は、貸本屋が版元から仕入れて貸し出すことを前提に出版されていたものといえる。

すなわち、江戸時代には読書の種類として教養のための読書と娯楽のための読書が分かれていて、それぞれの本は種類や流通経路が異なっていた。書物の価格が相対的に高かったこともあって、教養や実用のための本は本屋（物之本屋）から買うが、娯楽のための本は貸本屋から借りて読むのが一般的だった。

しかし、一八八七年（明治二十年）前後に、この「本屋」と「貸本屋」の関係に変化が生じる。のちに「新式貸本屋」と呼ばれた新たな業態による貸本屋が出現する。[2] 新式貸本屋[3]とは、従来のように稗史小説や人情本、軍記物などの「草紙」だけを取り扱うのではなく、新刊学術書などの「物之本」の廉価貸し出しを営業の中心としたところに特徴があり、それまでのように本を背負って顧客を巡回するのではなく、店舗を構え、貸し出し目録を配布して、注文に応じて配達する形態の貸本屋だった。

2　新式貸本屋の特徴

新聞紙上に新式貸本屋の広告がみられるようになるのは一八八五年（明治十八年）頃からだが、ここに新式貸本屋の特徴があらわれている。

貸本并ニ諸新聞雑誌縦覧広告　諸新聞諸雑誌二〇種新版書籍類一日見料一銭五厘、書籍類ハ春

鶯囀、文明東漸史、経国美談、当世書生気質等百余種、報知次第貸本ハ配達ス。評判ノ安値縦覧貸本屋ハ此両館デ御ザイ[4]

弊店今般未曾有之良法ヲ設ケ、府下学士諸君ノ便利ヲ図リ、政治、法律、経済、歴史、伝記、数学、理化、修身、博物、詩文、稗史小説、字書之書類ヲ極メテ廉価ノ見料ニテ御望次第貸本ス[5]

弊社ハ昨年一〇月以来、和漢英新古の書籍を購集し一種新発明の貸本業を開き、東京府下限り借覧に応し来たり候処、業務大に進み書籍も大略準備候故、本月より更に神奈川、埼玉、群馬、栃木、千葉の五県下に拡張し、広く諸君の借覧に応し候間、五県下の有志諸君よ幸に規則書(郵便切手二銭送れば無代呈上す)一覧の上続々御注文あれ[6]

磨け磨け磨けよ諸君。勉めて諸君に博渉して爾の脳髄の錆を磨け。借よ借よ借りて見よ。需要に応ずるの書籍は、僅少の見料を以て弁理すべし。斯くまで勉学の簡法を得るも、諸君は徒らに学資の乏しきを嘆ゑて、無智盲目堺に陥らんと欲する乎[7]

和漢洋書籍貸本広告　今回学生諸君の御便利を計り、諸学術書籍並に新古小説等を至極廉価の見料にて貸本仕、御注文次第配達致候。貸本目録御入用の諸君は郵券にて呈す。縦覧室にて縦覧料は朝五厘、昼一銭、夜一銭とす。[8]

「哲学、政治、法律、経済、商業銀行、歴史伝記、地理、教育、衛生、演説討論、稗史小説、雑書の十二種にて、重もに本邦近世の著訳に係るものを貸出すよし[9]」とあるように、貸し出し用の蔵書に各分野の翻訳書を含む学術書が多い点が「従来の貸本屋と違[10]」う「一種新発明の貸本業[11]」である新式貸本屋の最大の特徴であり、その客層としては「書物を購ふの資に乏しき書生には最も便利多かるべし[12]」と、学生を想定していた。また、「貸本目録御入用の諸君は郵券にて呈す[13]」とあるように、目録で注文を受けて配達する方式をとっていて、さらに「縦覧室にて縦覧料は朝五厘、昼一銭、夜一銭[14]」と、店舗内に「縦覧室」のような閲覧スペースを設けている店もあった。

新式貸本屋は、蔵書の数や種類が多いことだけでなく、その目録の作成や配達人員の雇用、店舗や縦覧室の設備など、本を担いで得意先を巡回する旧来の貸本屋と比べて営業上多くの資金を必要とした。それでも学生が多く集まっていた東京の神田や本郷には何軒もの新式貸本屋が店舗を構えていて、新聞・雑誌に記事や広告を出している店はその代表的なものだった。

3　新式貸本屋の利用状況

一八九〇年前後（明治二十年代）から一九〇〇年前後（明治三十年代）にかけて、「万朝報」の記者としてこれらの新式貸本屋をよく利用した湯浅竹山人は次のように回想している。

石垣の方はいろはより遥かに後の開業で、主として法律書、医書等に重きを置いてゐたやうだ。雑誌も備えてゐたけれどいろはより乏しく、お客の数もいろはよりは少数であッた（略）その頃の読書子、学者、著述家、学生等と、この二軒の貸本屋との関係が、真摯に実用的に広い範囲で文化的交渉を持ッてゐた。いろは、石垣の客であッて、博士となる基礎を作ッた人もあらうも知れず、大創作家、大著述家として成功してゐる人が現存するやも知れぬ（略）当時の文筆業者が、どれほどこの貸本屋の文庫を利用したことか知れはせぬ(15)

また、『午睡之夢 軍書狂夫』や『女権美談・文明之花』の著者である杉山藤次郎（南柯亭夢筆）は、一八八七年（明治二十年）頃の自身の貸本屋利用について次のように回想している。

後ち二十年の頃、共益貸本社、京橋三十間掘に移転し来りて、便利なるもの出で来れりとて、到れば則ち社主は、我が知友の綾井武夫なり。道程遠隔の為め、接面せざること数年、茲に始めて彼れが貸本業を開けることを知れり。因りて余は是れより、彼の貸本社を以て、図書館の代用となし、我が日常著作の材料に供し、又時としては娯楽の為め散閲することもあり、以て彼が借覧顧客の一人として数へらるるに至れり(16)

一八八〇年以後（明治十年代後半）から一九〇〇年前後（明治三十年代前半）にかけては、青少年の上京遊学が盛んな時期でもあった。「地方の少年秀才が前途青雲の志望を抱て都下に遊学を試みる者、毎年幾万を以て数ふ」[17]といわれ、東京に居住して就学する青少年の数がにわかに増加した。新式貸本屋が主な顧客としていたのは、一八八七年（明治二十年）頃から増え始めた私立専門学校の学生だったようである。

当時の上京遊学者の経済状況については、一八九一年（明治二十四年）版の『東京遊学案内』に、「学資の総額を概算する時は其の平均を月に十円と定むるがよし」という記述があり、そこから「授業料壹円」「宿料及食料五円」を引いた残り約四円を月々の生活費に充てるよう説いている。[18]浅岡邦雄は、新式貸本屋での利用が多かった書籍の定価について、現存する共益貸本社の目録をもとに調査しているが、それによると、ダブリウ・ヂョンソン『植物生育論』高山甚太郎／磯野徳三郎訳（一円三十七銭）、天野為之『経済原論』（一円三十銭）、江本衷『法律解釈学』（一円）、矢野文雄『経国美談』（九十五銭）、田口卯吉著『支那開化小史』（九十銭）、中江篤介『理学鈎玄』（八十銭）、グレー『植物通解』矢田部良吉訳（六十五銭）など、一冊の価格が一円を超えるものも多くみられる。[19]

一般的な貸本の方法としては、まず書籍の代価を保証金として預けることで貸し出しを受け、それを返却する際に、貸し出し日数に応じて見料（損料）を差し引いて返金される。この見料の額は、書籍によって、また店によって異なるが、浅岡によれば、共益貸本社の翻訳書の哲学書の平均見料が一冊につき約五銭、和装本が五厘から一銭五厘、洋装本が価格の五パーセントから一〇パーセント[20]だった。必要な書籍を十分に購入することが困難だった学生たちは、定価の十分の一以下の見料の負担で読書できる貸本屋を上手に利用する必要があったといえる。

上京遊学者のひとりだった田山録弥（花袋）も、神田猿楽町の日本英学館の学生だった一八八八年（明治二十一年）頃、これらの新式貸本屋を利用していた。

私は教場の上草履のまゝで、神保町遍や小川町遍を歩いた。貧しい書生たちに取つて幸ひなことには、その小川町を少し行って右に折れて又左にちよつと入つたところにいろは屋といふ貸本屋があつた。今では本の代価を払はないでは貸して呉れる貸本屋もないやうだが、その頃はその金がなくつてもドシドシ借りて来られた。『我楽多文庫』『新著百種』『国民之友』その他新刊雑誌を読むことの出来たのは、その書店のお陰であつた[21]

また同じ頃、東京専門学校の学生だった国木田哲夫（独歩）は、共益貸本社の顧客だったようで、一八九一年（明治二十四年）一月二十六日の日記に「共益社来る。桂姫及び鎌倉武士を置き行く。八時頃まで此の小説を読む」、二月六日の日記に「共益貸本社来る。聖代実録を借る」[22]とある。上京遊学者としては田山花袋や国木田独歩の前の世代にあたる森鷗外[23]や坪内逍遥[24]も、学生生活のなかで貸本屋をよく利用していて、学生の読書装置としての貸本屋の利用は新式貸本屋の登場以前から続いていたようである。東京府内では一八九〇年前後（明治二十年代）以降も、事業者数としては、本を担いで得意先を巡回する旧来の貸本屋のほうが新式貸本屋よりも多く[25]、児童文学者の巌谷小波の一八八七年（明治二十年）一月十三日の日記に「貸本屋来ル春色雪の梅二冊借ル」[26]という記述があることからも、依然として「物之本」ではなく「草紙」を、新式ではない貸本屋から借りることも一般的におこなわれていたようである。

先にあげた田山花袋や国木田独歩も、貸本屋から雑誌や小説などを借りて読んでいる。また、同時期に深川に暮らしていた田山花袋の叔母が、「芝居も好いが、お銭がかゝるから、それよりか貸本が一番安くつて好い」と「春水物、近松物などによく読耽」り、「一日裁縫をして、夜寝る前に一二時間読み耽けるのが何よりも楽み」[27]にしていたという回想からも、「新式貸本屋」と「旧式貸本屋」、それに「物之本」と「草紙」もそれぞれ並存していて、当時の学生の読書環境を形成していたことがわかる。

そして、このような学生生活のなかに、新たな読書装置として図書館が出現する。一八九一年（明治二十四年）十月の専修学校の学生による「一回に二銭から五銭の見料を支払って」貸本屋から本を借りるかたわら、東京図書館にも十回分の回数券（十二銭）を買ってよく通っていたという記録[28]が残っているところからみても、学生は貸本屋と図書館を目的によって使い分けていたようだ。

一九〇〇年前後から一〇年頃（明治三十年代から四十年代）の石川啄木の日記をみると、〇二年（明治三十五年）に当時開館したばかりの大橋図書館に通って読書したという記事[29]があるが、〇九年（明治四十二年）には下宿に貸本屋が頻繁に出入りしていて、啄木は同時代の文学書の新刊や「如何はしき図書」などまで貸本屋からも数多く借りて読んでいる。[30]また翌一〇年（明治四十三年）には、啄木は当時担当していた二葉亭全集の編集のために大橋図書館を利用[31]していて、この時期でも貸本屋と図書館の併用は一般的だった。

一九〇〇年〔明治三十三年〕頃、いろは屋貸本店一軒の貸し出し数が一日平均三百余冊、月に約八千五百冊、年に換算すれば十万冊以上にのぼっていたのに対し、東京図書館の年間の貸付〔閲覧〕数が二十三万六千四百九十九冊〔一八八九年度〔明治二十二年度〕〕[33]から四十六万千八百四十六冊〔一八九六年度〔明治二十九年度〕〕[34]で推移していることからすれば、一八九〇年前後〔明治二十年代〕までは新式貸本屋も図書館と同等以上に親しまれ、日常的に利用されていたといえる。

4 貸本屋と図書館の共存

一八八七年〔明治二十年〕当時の東京府内には、一般公開している図書館として、文部省管轄下の東京図書館と、この年の三月に開館したばかりの大日本教育会書籍館があった。

しかし、前述のように、のちに帝国図書館と改称される東京図書館は、一八八五年〔明治十八年〕に東京教育博物館との合併のために湯島から上野に移転し、その際に運営規則を大幅に改定している。

上野移転前の東京図書館の常連だったのが、作家の幸田露伴である。

上野の前、聖堂のところにあつたんです。その時分は余り人が行かない。それでも随分行った。

私は毎日行くんです。すると淡島がやはり毎日来てる。あの人には綽名がついてゐて、燕石十種先生ッていふんです。燕石十種は写本で六十冊ある。それを写しにかかつた。引写しなんです。上に同じやうな紙を当てて写して居ります。だから向ふでも知って居ります。燕石十種先生といふ綽名をつけてゐる。両方とも毎日行くから知合ひになつて(35)

そのころ、お茶の水の聖堂には、東京唯一の東京図書館といふのがあつた。それでよく聖堂の図書館、湯島の図書館といはれた。旧聖堂をそのまゝ図書館に引き直したもので（略）聖堂の入徳門の石壇を登り、杏壇門を入ると、正面には孔子を祭つた大成殿があり、殿からひろい廻廊が長くつゞいて杏壇まで連つてゐる。当時の図書館は、この大成殿を書庫にし、左右の廻廊を閲覧所に当てたもので、杏壇門が入口になつてゐた。この入口を過るとそこに司書が控へてゐて、書物の出し入れを司つてゐた。世の中がまだせち辛くないこの頃のことゝて、閲覧手続きも至極簡略であり、閲覧料も至廉、且つ急に紙を要するものには紙を与へ、鉛筆を忘れたものには鉛筆を貸すといふ鷹揚さであつた。電燈もまだない頃とて（あつても一般には点燈用となつてはゐなかつた）、夜になると、西洋蠟燭を抱へた使丁が、閲覧者の机上にそれを分配し、閲覧者はそれを燈して書を読みつゞける（略）こゝが、明治十五、六年の頃、露伴が日々弁当を携へて日参した勉強所であり、その心の故郷の一つであつた(36)。

夜間も「西洋蠟燭を抱へた使丁が、閲覧者の机上にそれを分配」して読書を続けるほど親しまれていたとすれば、上野移転前の東京図書館は、東京市の「市民図書館としても、成功したもの」[37]だったといえる。

上野に移転した当時の東京図書館の主幹だった手島精一は、一八八六年(明治十九年)の年報に次のような一文を残している。

府下ニ共益貸本会社ト称シ公共蔵文館ト称スルノ類アリ。其他新聞縦覧所ノ数亦少ナシトセス。是レ皆図書新聞紙ヲ蒐集シ、公衆ノ閲覧ニ供スル者ニシテ、世間漸ク書籍館ノ必要ヲ感ズルニ至リタルヲ見ルベシ(略)顧フニ此等ハ通俗図書館ノ萌芽ニ過ギズシテ、間接ノ教育ノ進歩ヲ裨益セザルニ非ズト雖モ、其貸本ノ種類ニヨリ或ハ然ラザル者アリ、今ヤ学問ノ嗜好漸ク其度ヲ進メ、世人書籍館ノ事ニ注意スルニ至ル。是時ニ当リ適宜ノ方法ヲ設ケ、其利益アル者ハ之ヲ奨励シ(略)貸本屋ノ類ヲ利用シ学校教育ノ足ラザル所ヲ補イ、人智のノ上進ヲ促スハ亦目下ノ急務ナリト信ズ[38]

文部省としても「学校教育ノ足ラザル所ヲ補イ、人智のノ上進ヲ促ス」ために、読書施設を充実させることが「急務」であることは十分認識していたが、博物館との合併に伴って東京図書館がその機能を縮小していくなかにあって、「貸本屋ノ類」と共存する意向をもっていたことがわかる。貸本屋や図書館の最大の利用層だった学生も、実際に両者をうまく使い分けていたようで、[39]一八八九年(明治二十二年)の大日本教育会書籍館の統計によれば、来館者の八〇パーセントが学生だった。

5　図書館での音読禁止

「いろは屋」をよく利用していた田山録弥（花袋）は、同時に上野移転後の東京図書館にも通っていた。

上野の図書館は、其時分はまだ美術学校の裏の方にあつた。私にとつては、その図書館は忘るべからざるものゝ一つである。私は一週に二三度は必ず牛込の山手からてくてくと其処へ出かけて行つた。（略）私は終日長く本を読んだり空想に耽ったりした。閲覧者は大勢居るけれども、少しでも声を立てると、しつと言はれるので、室内は水を打つたやうに静かで、監視のをりをり静かに通つて行くスリツパの音が聞こえるばかりであつた（略）私は近松、西鶴をすべて其処で読んだ。「国民之友」に出た蘆花君の翻訳になつた六号活字の外国文学の紹介、それは殊に私には有益であつた。(40)

当時の学生に人気が高かった雑誌「国民之友」（民友社）が、貸本屋だけでなく図書館でもよく読まれていたことがわかるが、ここで注目したいのは、「少しでも声を立てると、しつと言はれる」「静かに通つて行くスリッパの音が聞こえるばかり」と、読書中は静粛にしなければならなかったことを強調している点である。

この図書館のなかでの静粛が要請されたことには、館内での音読禁止という図書館独特の利用規則が背景にある。東京書籍館規則（一八七六年〔明治九年〕）、東京府書籍館規則（一八七七年〔明治十年〕）、東京図書館規則（一八八〇年〔明治十三年〕）ばかりではなく、大日本教育会書籍館規則（一八八六年〔明治十九年〕）や一八七二年（明治五年）設立の書籍館の規則でも、すでに「館内ニ於テ高声雑談不相成者勿論看書中発声誦読スルヲ禁ス」（書籍館書冊借覧人規則）と、音読と雑音の禁止を明確に定めていた。

音読から黙読への変化

一八九〇年前後（明治二十年代）以前は、まだ日常の読書は音読が主流だったようである。七七年（明治十年）の新聞の投書に次のような記事がある。

日本の人が在来の書籍を読むのは西洋の様に文法もなくコンマも無くセミコロンも無くフールストップも無く其読声も銘々勝手に奇妙稀代な節をつけウーンヱンと（略）書生の下宿などでは節々夜る人が寝た時分に大声を発して読み他人の安眠を妨げる類は少し心を用ひて貰いたいもの又読書の仕方は真宗の坊さんがお文を読様に句読をして少し早めに読のがいゝと思はれます[41]

ここでは音読による読書を自明のものとしたうえで、周囲に迷惑をかけるような大声での読書をたしなめていて、理想的な読み方として「坊さんがお文を読様に」という例をあげている。一八八七年（明治二十年）頃に名古屋の旅館に宿泊したイギリス人ルイス・ウィングフィールド卿は、「宿泊客が読書をする場合、さらに悪い影響をおよぼす。というのは、いかなる身分の日本人も、鼻にかかった単調な抑揚で声をあげて朗読するものと決めてかかっているので、となりの部屋でそれをながらく聞いていると、呪文にかかったように狂気の寸前まで追いやられるのだ(42)」という感想を残していて、素読の訓練を経た学生などの読書階級ばかりでなく「いかなる身分の日本人も」日常的に抑揚をつけて音読していたことがわかる。しかし、列車内や待合室など多数の人々が居合わせる公共の空間が増えてくると、そこでの音読は外国人でなくとも迷惑に感じるようになる。九八年（明治三十一年）、内地雑居の実施に際して日常生活や風俗の改善を目的として出版された冊子では、改善すべきことのひとつとして音読の習慣をあげている。

声を張り上げ節を附け面白可笑しく音読せざれば、意味が解からぬと云ふ人がある、随分厄介な人物と思ふが、去りとてその習慣の人は俄かに黙読すれば、必らず居眠りでもするであらうから致方ないが、ソンナ人は成る丈人前では止める様にして貰ひたい（略）ステーションの待合所にて盛んに音読するなどは、其文字を知つてる事を吹聴するつもりかの様にも見え、甚だ妙ならぬ次第（略）元来日本では例の子曰くから養成された為めか、音読の癖がある（略）去りながら黙読も音読もツマリ習慣で、何れでも慣れさへすれば宜しからう、決して世間の人に音読を止めろとまでは云はない、可笑い様であるが、音読を好くなら音読し玉へだが、人前では宜しくない(43)

ここでもまだ「人前では止める様に」という消極的な勧告にとどまり、黙読を強制してはいない。前田愛は、この時代の音読の習慣が民衆の読み書き能力の水準が低かったことに起因していたことを指摘(44)するが、「音読せざれば、意味が解からぬ」という人がいたことや、駅の待合所などで音読するのは「其文字を知つてる事を吹聴するつもりかの様にも見え」るという感想にもあらわれているように、基本的には学校教育の普及に伴って人々の読書能力が向上していき、それに合わせて読書習慣も、音読から黙読へと徐々に変化していった。

一九〇九年(明治四十二年)に出版された『読書力の養成』では、「汽車の中や、電車の中や、停車場の待合室にて、をりをり新聞、雑誌の類を音読する人あるを見受く。調子のよき詩歌や美文ならともかく、普通の読物を音読するにても、其の人の読書力は推して知るべし(45)」と、すでに音読をすることが読書能力の低さのあらわれとみなされていたことがわかる。

これらのことからすれば、人々の読書習慣の主流が黙読に移行した時期は、一九〇〇年前後(明治三十年代)頃だったと推定できる。

黙読から黙学へ

永嶺重敏は、日常生活のなかでの読書がほぼ黙読になった時期を一九〇七、八年頃（明治四十年頃）[46]としているが、だとすれば、それ以前の音読が一般的だった時期から、図書館では音読禁止の徹底、黙読空間の創出をおこなっていたといえる。

このことについて永嶺は、音読を容認していた新聞縦覧所が民衆の自発的な設立によったのに対して、政府主導で設置された図書館は「〈上から〉の公共施設としての性格が強く、そのために、民衆の音読的・共同体的読書の伝統を否定し、それに代わる新しい読書スタイルである黙読をあまりにも早急に、時には罰則をもって人々に強制しようとした[47]」としている。たしかに、不特定多数の者が同じ空間のなかで、それぞれに異なる本を読むというような状況は、明治以後の図書館の出現によって新たにあらわれたことであり、それまでに存在しなかった特別な場所として、近代的な“private silent reading”を導入した黙読空間が、図書館政策のなかで意図的に創出された結果とみることができる。

ではなぜ、これほど使いにくくなり、堅苦しく、黙読も強制された図書館が、このあと貸本屋以上に学生に利用されるようになっていったのか。それは、当時の図書館での音読禁止・黙読の強制が、近代的な“private silent reading”の空間創出としてではなく、「黙学」のための空間の創出として認識され、学生たちが、そこに新たな機能や利用目的を見いだしたからではないだろうか。

当時一般的におこなわれていた学校の寄宿舎での黙読と音読禁止の様子とを比べてみれば、図書館内での音読禁止は、読書の内容が個別化したための集団での読書形態の変化によるところが大きいことがわかる。一八八七年（明治二十年）頃の秋田県師範学校寄宿舎では、「夕食後になると黙学時間といふものが二時間課される。此時間中は如何なる事があっても離席は絶対に出来ない、音を出す事は禁ぜられて居るから引出を開けて中から物を出すこともクヤミや咳をする事も出来ない」「自習時間中一夜二時間づゝは黙学と唱へ、小便にもゆかれぬ沈静厳粛の時間があつた[48]」というように、意図的に「黙学空間」が創出されていた。福岡県明善中学校寄宿舎でも、「六時半に自修始めの喇叭鳴るや、皆舎内にかへり、謹慎に黙読して自修をなす。九時半迄なり[49]」と黙読の自修時間が設定されていた。同じ時期に「其の頃は何でも彼でも無暗矢鱈に暗誦で覚えたもので、幾何の解まで暗誦してゐる人もありました[50]」という回想もあるところからすれば、学習の方法としては、まだ音読を伴う暗誦も並存していたようだが、「此の黙学時間の厳守こそは秋田師範寄宿舎の誇り[51]」とあるように、この意図的な「黙学空間」の創出による音読禁止の目的は、明らかに学生の個人学習（自習）の促進にあったと考えられる。

多人数が同じ本を読むのではなくそれぞれ異なる本を読み、それを学習行為として同時に同一の空間でおこなおうとすれば「黙学」とする以外に方法はなく、秋田県師範学校寄宿舎では自習時間をそれに充てることで学習空間を成り立たせている。同じ時期の図書館でも、不特定多数の人々が同一の空間のなかでそれぞれ個別に本を読むという行為が、娯楽性を含んだ新聞の解読や貸本小説の読書とは異なり、学習としての読書だったからこそ、「黙学」としての黙読が図書館を利用する人々にも受容され、規則にも自発的に従ったと思われる。

以上のように、図書館を利用した読書が、読み物などの娯楽を目的とした本ではなく、教養書や実用書を、自宅ではなく図書館内で黙読する「学習としての読書」だったことが、学生による図書館利用の特徴だった。そして、上京遊学者を含む学生を中心として、図書館が広く一般に利用されるようになったことで、図書館という施設そのものが、読書のためというよりも学習のための場所とみなされることにつながったと考えられる。学習の内容はさまざまだが、時期が下るにつれて、学習することの目的が次第に定まってくる。徳冨蘆花の「思出の記」に次のような回想がある。

配達を終へて新聞社から帰ると、冷汁で晩い朝飯を食つて、一寸睡むと、僕は梅干入りの握飯を拵へて貰つて、上野の書籍館に通った。一は書籍代を倹約し、一は下宿付近の騒々しさを避けて心静かに大学の入学準備を整ふる為である。馴れない昼夜顚倒の仕事に、睡眠時間が如何にしても不足するので、兎もすれば頭がふらふらして、理科の書やユークリッド、トドハンタアの上に意気地なく点頭し、一度吾知らず鼾を立ててはつと心づけば、満室の青年老年或は哄笑し或は無礼な男と言ひ貌に憤激して居るので、僕は思わず火のように赤面したことがある。(52)

一八六八年（明治元年）生まれの蘆花の年齢からすると八九、九〇年（明治二十二、三年）頃の様子だが、「理科の書」を読むためばかりでなく「下宿付近の騒々しさを避けて心静かに大学の入学準備を整ふる為」という、入学試験に備えた学習をおこなう目的で図書館に通っていたことがわかる。

この時期の上京遊学は、総体的には近代化という大きな社会変動に起因するもの(53)であると同時に、個人レベルでの立身出世主義につながるものであり、学生が図書館で学習することも最終的には立身出世、すなわち、職業による富の獲得と社会的上昇移動を目的としていたと考えられる。先にあげた田山花袋も投稿していた当時の青少年向け雑誌『穎才新誌』では、「勉強セサレハ幸福ヲ得ル能ハス故ニ日々学校ニ行キテ能ク勉強セハ賢人トナリテ人ニ用ヰラレ又官位ニ登ルアリ勉強セサレハ後ニハ必ス愚人トナリテ其身ヲ終ルヘシ(54)」というような「勉強」、すなわち努力を伴う学習による立身出世を盛んに説いている。

しかし、一八八〇年前後（明治十年代）までは、その「勉強」や「立身出世」にも具体的な目標がなく、漠然としたものだったともいえる。九〇年前後（明治二十年代）になると、学校制度が整備され、職業資格が学歴と結び付くようになる。一八八六年（明治十九年）の諸学校令で帝国大学を頂点とした学校の序列が定まり、さらに翌八七年（明治二十年）の文官試験試補及見習規則の制定によって官吏の任用試験の受験資格や試験の免除が特定の学校の卒業という学歴によるようになったことを転機として、これ以後、立身出世の大きな目的が上級学校への進学による学歴の獲得になった。そしてこのことが、図書館での読書を、純粋に各分野について学ぶための読書から、学校の入学試験のための準備学習に変えることにつながる。

音読禁止というルールに従って黙読という新たな読書習慣を身に付けることで、本を読むことだけでなく、静かな勉強空間も同時に確保できる。いわば縦覧室・監視付きの「官製新式貸本屋」として、草創期の公開図書館は社会的に定着していったのではないか。

一八九〇年前後（明治二十年代）の学生は、翻訳書を中心とした「物之本」を、貸本屋で、あるいは図書館で、貪欲に吸収して学んでいった。このときの読書が近代日本をつくったのであり、そのための大切な手段が貸本屋であり図書館だった。日常生活では音読の習慣が一般的だった時期でも、図書館のなかだけは黙読が強制され、そこに近代的な“private silent reading”の空間が意図的に創出された。このことが、日本の図書館が、市民共同の読書室としてよりも、無言・無音で学習する者のための「勉強空間」とみなされ、そのように性格づけられて発達していくことにつながったと考えることができる。

注

（1）清水文吉『本は流れる――出版流通機構の成立史』日本エディタースクール出版部、一九九一年、一二一一三ページ

（2）沓掛伊佐吉『明治の貸本屋』日本古書通信社、一九七一年、二九―三〇ページ
「明治十五、六年までの貸本屋は、多少翻訳書などを備えているとは云っても、それは極く僅かな量であり、大部分は旧態依然とした貸本屋であったが、これから三、四年後には、従来見られなかった新らしいタイプの貸本屋が出現してくる」

（3）「新式貸本屋」の呼称が最初に使われたのは、石井研堂『新古書籍業・新聞取次業・絵葉書絵双紙業・貸本業』（〔「独立自営営業開始案内」第二編〕、博文館、一九一三年）と考えられる。

（4）共益館、便益館広告記事「時事新報」一八八五年十月十二日付

（5）いろは屋貸本店広告記事「時事新報」一八八六年十一月十三日付

（6）共益貸本社広告記事「朝野新聞」一八八七年五月十日付

(7)東京貸本社広告「時事新報」一八八七年六月十六日付
(8)博覧堂広告記事「国民之友」第十七号、民友社、一八八八年
(9)「共益貸本社」「時事新報」一八八六年十月十四日付
「今度三田功運町に設けたる共益貸本社は、従来の貸本屋と違ひ哲学、政治、法律、経済、商業銀行、歴史伝記、地理、教育、衛生、演説討論、稗史小説、雑書の十二種にて、重もに本邦近世の著訳に係るものを貸出すよしなれば、世人の便益少なからざるべし」
(10)同記事
(11)共益貸本社広告記事、「朝野新聞」一八八七年五月十日付
(12)「読売新聞」一八八六年十月十二日付
「明十三日より三田功運町にて開業する共益貸本社と云ふは、東京府下に滞在の者に限り各人に入用なる書籍を廉価にて貸与ふる社にして、社長は綾井武夫氏幹事は片岡善三郎氏にて、書物を購ふの資に乏しき書生には最も便利多かるべし」
(13)博覧堂広告記事「国民之友」第十七号、民友社、一八八八年
(14)同記事
(15)湯浅竹山人「神田の古本屋」『新旧時代』第三年第二冊、明治文化研究会、一九二七年、五七―五八ページ
(16)南柯亭夢筆「書生風俗・いろは屋貸本店(五)」「風俗画報」第二百三十五号、東陽堂、一九〇一年、三一ページ
(17)前掲『東京遊学案内』一ページ
(18)同書三四ページ

(19) 浅岡邦雄「明治期「新式貸本屋」と読者たち——共益貸本社を中心に」、浅岡邦雄／鈴木貞美編『明治期「新式貸本屋」目録の研究』(日文研叢書)所収、国際日本文化研究センター、二〇一〇年、四三ページ
(20) 同論文三二ページ
(21) 田山花袋『東京の三十年』博文館、一九一七年、五〇ページ
(22) 国木田独歩、沼波瓊音編『独歩文集』春陽堂、一九二一年、三〇三—三〇八ページ
(23) 森鷗外「ヰタ・セクスアリス」『鷗外全集』第五巻、岩波書店、一九七二年、一一三—一二一ページ
「寄宿舎には貸本屋の出入が許してあつた。僕は貸本屋の常得意であつた。(略)十四になつた。日課は相変らず苦にもならない。暇さへあれば貸本を読む」
(24) 坪内逍遥『少年時に観た歌舞伎の追憶』(「叢書日本人論」第二十九巻)、大空社、一九九七年、一〇八ページ
「私は一つ橋の東京大学の寄宿舎に居た明治十四五年頃、今の池清主人が、まだチョン髷をば青黛でも塗つてゐるかと思ふやうな青い頭上に載せて、式の如き笈式の包を背負つて、神保町界隈の下宿屋を廻つてゐたのを、たしか初めは友人の下宿で知り、次に自分が下宿して知り、とにかく知り合ひになつた」
(25) 前掲「明治期「新式貸本屋」と読者たち」二一ページ
(26) 巖谷小波、桑原三郎監修『巖谷小波日記［自明治二十年至明治二十七年］翻刻と研究』(白百合児童文化研究センター叢書)、慶應義塾大学出版会、一九九八年
(27) 前掲『東京の三十年』一九ページ

(28)前田愛「書生の小遺帳」『幻景の明治』(『前田愛著作集』第四巻)、筑摩書房、一九八九年、七四―七五ページ

(29)「秋韷笛語」『石川啄木全集第五巻日記Ⅰ』筑摩書房、一九七八年、一九―二四ページ

「十一月十三日快晴、(略)午時より番町なる大橋図書館に行き宏大なる白壁の閲覧室にて、トルストイの我懺悔読み連用求覧券求めて四時かへる。十一月十六日晴、日曜日、大橋図書館に一日を消す。十一月十八日、(略)午後は図書館に「即興詩人」よむ。飄忽として吾心を襲ふ者、あゝ何らの妙筆ぞ。

十一月廿二日、土曜日、午後図書館に行き急に高度の発熱を覚えたれど忍びて読書す」

(30)「ローマ字日記」『石川啄木全集第六巻日記Ⅱ』筑摩書房、一九七八年、一三九―一四〇ページ

「明治四十二年四月十三日。貸本屋が来たけれど、六銭の金がなかつた。そして「空中戦争」という本を借りて読んだ。(略)十四日。貸本屋が来て妙な本を見せられると、何だか読んでみたくなつた。そして借りてしまつた。一つは「花の朧夜」一つは「情けの虎の巻」。「朧夜」の方はローマ字で帳面に写して三時間ばかり費やした」

(31)「明治四十三年当用日記」『石川啄木全集第六巻集日記Ⅰ』筑摩書房、一九七八年、一八一ページ

「四月二十六日。休みの日であつた。二葉亭全集第二巻の原稿引合せのために大橋図書館へ行つた。図書館の中の空気は異様な気分を与へた。図書館! あすこは決して楽しい場所ではない」

(32)前掲『明治の貸本屋』四三ページ

(33)前掲「書籍館」『文部省第十七年報』

(34)「図書館」『文部省第二十四年報』(復刻版)、宣文堂、一九六七年

(35)千葉亀雄/小島政二郎/菊池寛/鈴木氏亨/佐佐木茂索「幸田露伴氏に物を訊く座談会」、幸田露

伴、蝸牛会編『露伴全集』第四十一巻所収、岩波書店、一九五八年、二四九ページ
(36)前掲『幸田露伴』四六ページ
(37)前掲『上野図書館八十年略史』六三ページ
(38)手島精一「将来須要ノ件」「東京図書館明治十九年報」、前掲『帝国図書館年報』所収、一〇三ページ
(39)前掲「書籍館報告」七一一―七一三ページ
(40)前掲『東京の三十年』七四ページ
(41)「読売新聞」一八七七年三月十三日付
(42)ヒュー・コータッツィ『維新の港の英人たち』中須賀哲朗訳、中央公論社、一九八八年、三九五ページ
(43)『でたらめ』大阪毎日新聞社、一八九八年、一四五―一四八ページ
(44)前田愛『近代読者の成立』(岩波現代文庫)、岩波書店、二〇〇一年、一七〇―一七一ページ
(45)横田章『読書力の養成』広文堂書店、一九〇九年、一ページ
(46)永嶺重敏『雑誌と読者の近代』日本エディタースクール出版部、一九九七年、七二ページ
(47)同書六九ページ
(48)秋田県師範学校編『創立六十年』秋田県師範学校、一九三三年、一六五、一九一、二七九ページ
(49)「少年文庫」第十三巻第四号、少年園、一八九五年、二六〇ページ
(50)前掲『創立六十年』一六〇ページ
(51)同書二七九ページ
(52)徳冨蘆花『思出の記』民友社、一九〇二年、三五六ページ

(53) 武石典史『近代東京の私立中学校——上京と立身出世の社会史』(Minerva 人文・社会科学叢書)、ミネルヴァ書房、二〇一二年、二一ページ

(54)「頴才新誌」一八七八年二月二十三日号、頴才新誌社

第5章　苦学と立身と図書館

1　雑誌「成功」と図書館

一八九〇年前後（明治二十年代）に盛んになった新式貸本屋の広告が、当時学生に人気があった雑誌「国民之友」に多く掲載されていたように、戦前の日本では、学校や進学など教育についての主な情報源は雑誌だった。[1] 学生向けとして最も早くから刊行されて長く続いたものに、博文館の「中学世界」（一八九七年創刊）がある。そのなかには次のような記事もあった。

幾百と云ふ攻学の士が、余等二人の入来つたのには気も付かず一生懸命書籍に眼を晒らし、亦余念なき風である。それかと思ふと、此方ではノートを出して、せつせと抜粋をやつて居るのもあつた。中には同一科目の書籍をば三四冊も取り出して、甲乙比較研究して居るのと見え、半頁ばかり読んでは他の書物を読み、復た一頁程閲ては次の本に替へ、又次の本に移るといふやうに、一心不乱の士もあつた。（略）見渡したる満堂の学生諸君、凡そ三百人もあつたらうか、実に満員であつた。[2]

一九〇七年（明治四十年）頃の東京上野の帝国図書館の様子をレポートした読者からの投稿である。〇〇年前後から一〇年代（明治三十年代から大正期）の中学生が、高等学校や高等専門学校などの入学試験準備のために図書館をよく利用していたことを伝えている。

しかし、この「中学世界」は、ごく限られた者しか進学できなかった中学校に学ぶ学生、つまり一九〇四年（明治三十七年）までは全国で十万人未満であり一〇年（明治四十三年）で同年齢比の二・三パーセント[3]だった中学生を対象にした雑誌であり、その内容は中学校―高等学校―帝国大学という正統な進学コースを進む者の状況をあらわしているにすぎない。この時期の青年の大部分はエリートコースを進むことができなかった者たちであり、そのなかには、上京して働きながら学ぶことによって身を立てようとする青年が多くあった。

このような「苦学生」に広く読まれ、指針を示した雑誌に「成功」があった。同時期に創刊された「実業之日本」（実業之日本社）と並んで代表的な「教唆雑誌」[4]といわれた同誌には、発行人で主筆の村上濁浪のほか、当時の政・官・財界や教育界の著名人が多数寄稿している。E・H・キンモンスによれば、出版社の記者や専属文筆家に頼っていた「中学世界」や「実業之日本」とは対照的に、「成功」の寄稿者は驚くほど幅広かった。[5]

そして、一九〇二年（明治三十五年）の創刊から一六年（大正五年）の終刊まで、記事や論説のなかに図書館のことを扱ったものが多く含まれていた。一八六〇年代から一九二〇年代半ば（明治・大正期）のごく普通の青年にとって、図書館とはどういう存在だったのか、それを伝えているのは、「中学世界」よりも、この「成功」かもしれない。

2 「成功」の成功思想

「成功」は一九〇二年（明治三十五年）十月に創刊され、一六年（大正五年）二月までの約十五年間、ほぼ月刊で中断なく発行された。発行者の村上濁浪はこの雑誌の編集者であり主筆だった。

村上濁浪（俊蔵）は一八七二年（明治五年）に静岡県引佐郡中川村に生まれた人物で、八八年（明治二十一年）に上京して英吉利法律学校に入学するが三年で帰郷、九七年（明治三十年）に再び上京して幸田露伴の門に入り、「学窓余談」（春陽堂）や「今世少年」（春陽堂）という青少年向け雑誌の編集に参加したあと、本格的な文筆活動に入っている。この頃アメリカのオリソン・S・マーデンの *SUCCESS* という雑誌を読んで感銘を受けたことから、この *SUCCESS* 誌をモデルにして「成功」を刊行したといわれている。[6] 村上は、最初は自宅を発行所として提供し、独力で創刊した[7]という。

「成功」の正確な発行部数は不明だが、一九〇五年（明治三十八年）四月号に「読者数一万五千人」、その後「明治三十八年の一年間に二倍に増加」、一九〇八年(明治四十一年)十二月号に「発行部数東洋一」という広告文がある。同時代の雑誌である「実業之日本」が一九〇〇年(明治三十三年)当時で三千部前後だったことからすれば、「成功」は、同時期の雑誌のなかでも比較的多くの読者をもっていたと思われる。読者は十六歳から二十二歳までの男性が多く、就業者が九〇パーセント以上を占め、その学歴は小学校卒業か中学校中退の者が大半(全体の七八パーセントが小学校卒[8])だった。

創刊号(第一巻第一号)に「発刊之趣意」と「大旨」「綱目」として、発行の目的が宣言されている。ここに同誌がめざす「成功」の特徴が端的にあらわれている。

発刊之趣意
今日の社会に要する人物は、巧言令色を以て人に接し、而も自ら保つの節操なき、所謂当世的才子にもあらず、蓬頭乱髪無礼無作法にして、好んで壮言大語し、而も中に摯実の工夫を欠く、所謂東洋的豪傑にもあらず、只自ら助け、自ら重んじ、自ら営為し、自ら勤労し、自己の手腕を以て自己の運命を作り出す人物にあり(略)国家は斯る人物の存在に因て興り、斯る人物の欠乏に因て衰ふ(略)雑誌成功は、只此要求を満さんが為めに発刊せんとするものなり[9]

巧言令色で節操のない「当世的才子」と、蓬頭乱髪、無礼無作法で好んで壮言大語する「東洋的豪傑」が批判の対象になっているが、ここで否定されているのは「当世的才子」や「東洋的豪傑」

そのものではなく、彼らの背後にあって彼らの生き方や価値観を規定していた、当時の「立身出世」の観念[10]だった。「成功」はそれまでの、「孝行」や「家」と結び付いた「立身出世」ではなく、個人の自由な生き方や自由な職業選択が可能な「成功」という新しい概念を提示した点に特徴があった。

「成功とは人が其天稟の性能を各々出来得る丈の点にまで円満に善良に発揮せしめし事を言ふ[11]」といい、「即ち各人が皆自助的人物と為りて、正直に勤勉に其天稟の性能を出来得る丈の度にまで発展せん乎、是れ誠に知能を啓発し、徳器を成就する者にて、国家社会の為め斯る人程有用なる人はなし[12]」と説明している。村上が説く「成功」とは、貴賤貧富に関わりなく、すべての人が自分の「天稟の性能」に気づき、それを「使命」とし「天職[13]」として自らの手腕で自らの運命を作り出すこと、そして、それを成し遂げることをさしている。

日清戦争後の一九〇二年（明治三十五年）頃から、全国的に、富と栄達を夢見て人生の成功をめざす「成功ブーム」というような現象が起きたといわれている。この成功ブームについて、『実業之日本社七十年史』は次のように説明している。

明治三十五年といえば二十世紀の第二年目に当り、新世紀の幕が開いたばかり、新しい活動の天地は無限に開けているといった新鮮な感動が、何人の心の中にも輝きあふれていた年である。過る明治二十七、八年の日清役戦の勝利にめざめた国民的自負心は、日英同盟の締結によっていよいよ高揚され、戦争によって急激に発展した国内の諸産業に伴い、国民の心はすべて致富

と栄達を夢見て希望にもえているときであった。(14)

「成功」が説く「成功」思想は、それまでの「孝行」や「家」と結び付いた士族的な立身出世観に代わって、アメリカ型の「総立身出世主義(15)」として広がっていった。そこで理想とされる人物像は、「自ら助け、自ら重んじ、自ら営為し、自ら勤労し、自己の手腕を以て自己の運命を作り出す」「自助的人物」であり、「欧米諸国人の意を此種の人物の養成に注ぐや深く(16)」と、はじめから欧米諸国に模範を求めている点に特徴がある。

「自助的人物」とパブリック・ライブラリーの理想

村上は「思ふに優勝劣敗は宇内の大則なり此大則に則つて優者と為るの国は栄え、劣者と為るの国は衰ふ(17)」と、優勝劣敗、弱肉強食の法則の下での国家の盛衰を説き、そのうえで「国家は斯る人物の存在に因て興り、斯る人物の欠乏に因て衰ふ」と「自助的人物」になることの必要を説いている。

このように、「成功」の「自助的人物」論には、欧米列強の帝国主義政策を背景とした社会進化論の影響が認められる。社会進化論とは、生存競争・自然淘汰を人類社会の普遍的・歴史的法則とみなす理論であり、日本では一九〇〇年前後(明治三十年代)以降に勢力を増し、同時代の社会思想に大きな影響を及ぼした。(18)優勝劣敗の世界のなかで勝者となるためには「只世界に於ける最も発達せる、最も進歩せる思想技能実手腕を吸収し来つて之を自己独特の思想技能実手腕と調和(19)」することが必要であり、「自助的人物」とは、現在の勝者である欧米諸国人の「最も進歩せる思想技能実手腕」を吸収することができる人材のことである。

また「成功」は、中村正直翻訳の『西国立志編』の影響を大きく受けているにもかかわらず、政治的自立や社会的自立よりも、もっぱら個人の倫理的な努力と、その結果としての経済的自立を説いたところにも特徴[20]がある。「世界を弗にて廻さんとする人あり、是れ誤れり、而も弗を度外視するも過れり、要は弗を軽んぜずして勤勉力行し、弗に束縛されずして同胞に貢献し、世界に何等かの改良を施すにあり[21]」というように、「勤勉力行」する努力と経済的な利益は両立するという前提があり、道徳的に善であることが当然世俗的な利益をもたらすという通俗道徳の論理のうえに成り立っていたことがうかがえる。その結果、経済的利益の追求よりも先に倫理的努力が求められ、「善良なる目的に向ひ己れの最良を竭し、それを完ふする[22]」ことが成功であり、最終的に世俗的な地位や名誉や富を得なくても人格的に優れていれば成功者であるという精神性が強調されることになる。

この「成功」では図書館について、欧米諸国の「進歩せる思想技能実手腕」のひとつとして説いている。そして、日本にも図書館を設立することを求め、図書館を活用することで「自助的人物」になることを勧めている。

「成功」誌上で図書館について言及した記事は、その内容から、①創刊後初期の村上による図書館論、②一九〇七年（明治四十年）前後の知識人や図書館の専門家による「図書館勉学法」、③大正期の地方青年会による図書館経営について述べたもの、④図書館で独学した経験談、の四種類に分類できるが、「地方青年と図書館」（一九〇二年十二月号）と「全国各町村に図書館を設けよ」（一九〇五年五月号）は、創刊後初期の村上濁浪による図書館論であり、ここに村上の基本的な図書館に対する考え方があらわれている。

村上濁浪「地方青年と図書館」

新聞の報する所によれば米国には今日五千の公立図書館あり、以て一般人士の観覧に供し、大統領を始め、国中の富豪競ふて之が設備に尽力すと、彼の六億円富豪カー子ギーの如きも、其幼時多く学校教育を受けず、土曜日毎に其の先輩の書庫に就き書を借り、之に因つて益を得し事、少なからざりし（略）或者嘗てビスマーク公に其万般の事に精通せる理由を問ひしに、公は微笑を漏し「是別由あるにあらず、余の少時余の家には大なる図書室あり、普通学書最も多かりしが、余は暇ある毎に之を読めり是此智識を得し所以」、と語りしは読書家の皆知る所なり又米国人の殆ど神の如く崇拝し居るリンコルンが、少時家貧にして書を購ふを得ず、数里を隔つる蔵書家に就て之を借り、以て他日大統領と為るの基礎を造りしが如きは普く世人の知る所、必ずしも説くを要せざるなり。要するに師なき青年、指導者を失ひし青年に取り、書物其物を伴侶とし、之をしてその智識を練磨せしむるの必要たるは論を俟たず。（略）希くは一日も急に之を設立し、以て各地方に国家有用の人才を造れ。(23)

村上濁浪「全国各町村に図書館を設けよ」

学校は是有言の教育所、図書館は是れ無言の教育所なり、有言の教育所素より人に益を与ふる大なりと雖とも、無言の教育所も亦其益決して之に劣らず、蓋し学校に於ける教育は特定の時間に於て特定の場所に赴くにあらざれば之を受る能はざるも図書館の教育に至つては必ずしも之が必要を見ず、学校の教育は少なからざる財力を有する者にあらざれば受る能はずと雖ども、図書館の教育は之なき者も以て教育を受るを得べし、而して世上を通観して、財力を多くを有する者と有せざる者、特定の時間に出席し得る者と得ざる者とを比較し、後者の数、遥に前者に幾層倍するを知らば図書館教育の決して忽諸に附すべからざるを知らん（略）エジソン氏亦曰く「余は貧困なるに因り幼時書を読むを得ざりしが、幸ひにもデトロイトルに小図書館ありしを以て此図書館の書籍を悉く読了せんと企て、因つて得る所甚だ少なからざりき」と（略）大小の学校は国中に普く立てられども此有用なる図書館の設立に至つては誠に寥々として暁天の星の如し（略）是豈東洋の先進国を以て任じ、文物の完備、他に比類なきを以て誇る我が国として、誠に一大恥辱にあらずや[24]

ここで村上はアンドリュー・カーネギーやトーマス・エジソンなどアメリカの例を引いて日本での公共図書館の設立を訴えているが、先にも論じたように、アメリカのパブリック・ライブラリーは、学校教育を補完するものという性格が強い。「学校を終了した青年男女は、広範な文化的著作を求めて、また有用な知識の探求に必要な図書を求めて、しげしげとパブリック・ライブラリーに通うことができるのである[25]」というボストン・パブリック・ライブラリーにすでにみられた理念が村上にまで伝承されているといえるが、一九〇二年（明治三十五年）の創刊から〇六年（明治三十九年）頃までの「成功」の誌面は、手本である*SUCCESS*や『西国立志編』にみられるように、アメリカでの「貧児立身談」を盛んに紹介して、自助努力を鼓舞するような論調だった。[26] ここでの村上の図書館論は、アメリカでの「各人がもっぱら自分自身の教師となるべき継続教育の段階[27]」の学びを目的としたパブリック・ライブラリーの利用を称賛し、日本での図書館の設立を求めている点で「成功」誌全体の論調に合致しているといえる。

学歴や資格の獲得を前提としない図書館での独学と、それによるのちの「成功」の理想像をオットー・ビスマルクやエーブラハム・リンカーン、カーネギーやエジソンなどの欧米の例に求めているが、この点からみれば図書館は「自助的人物」になるために役立つ格好の施設ということができ、図書館について語ることで「自助的人物」の勤勉力行の具体的な姿を示している。

図書館を利用することは貧児が立身する秘訣であり、「成功」のためには、図書館は学校よりも有用である。欧米諸国の発展を陰で支えている先進施設として、アメリカのパブリック・ライブラリーを発見し、成功をめざす苦学生が親しむべき施設と位置づけたところに、初期の「成功」の図書館論の特徴がある。

論調の変化の図書館論への影響

しかし、その後の時代の流れによって「成功」そのものの論調が少しずつ変化していく。「成功」には、創刊当初から記事のテーマごとの欄区分があり、その欄ごとに記事が配されているが、論調の変化はこの欄の変化にあらわれる。

創刊当時の欄の区分は「立志」「文苑」「史伝」「修養」「自信」「処世」「家庭」「雑録」「天火」だった。村上の図書館論はいずれも「自信」欄のなかに配されていた。一九〇三年（明治三十六年）の第三巻第二号から、これに「実業」欄が加えられる。

同号の記事のなかに「将来の社会に大飛躍せむには実業家たるに若く事なきを信ず」という、読者からの質問に対する答えを示しているように、「成功」が勧める自助的努力による立身の具体的な対象として、商業や貿易などの実業界を有望視している。これは、日清戦争後の産業資本や銀行資本の成長によって、この分野での就職の市場が広がり、立身の可能性が高まったことが背景にあるが、さらに翌年の第三巻第四号には「殖民論」と題された「国家勃興の策は殖民より好きはなし、ドシ〱と我が殖民を輸出して、適当にこれを管理し、外国の富を吸収するは最も自今の急務也」という記事を出して、しきりに海外移民を勧めている。そして、一九〇五年（明治三十八年）の第五巻第五号から「海外活動」という欄を新設して、海外での成功談や各国で有望な事業を紹介するようになる。読者からの質問に対しても、「小官吏に甘んずることなく（略）漠々たる亜米利加の野（略）支那の陸」で大いに活躍せよ、というような回答を与えて、海外への飛躍を説く。村上がその思想を直接吐露している「自信」欄でも、この時期には「目標を高処に立てよ」や「上には上あり（略）死すとも小成に安んずること勿れ」、「海外雄飛の機」と、事業や移民による海外での大成功を扇動する論が頻出する。

ところが、この頃にはすでに状況は変化しつつあった。白豪主義による移住規制法（一九〇一年）によってオーストラリアへの移民が事実上できなくなり、またアメリカでも日露戦争後の一九〇七年（明治四十年）の大統領令で日本人労働者のアメリカ入国が禁止され、西部諸州で日本人労働者の排斥運動が起こる。

また、国内の実業界でも、一九〇五年頃（明治三十年代末）には会社や銀行の中間管理職層は次第に高等教育卒業者が占めるようになり、「成功」の代表的読者である小学校卒か中学校中退の青年が企業の管理職の地位に入り込む余地は急速に少なくなっていく。[34]

このような状況を受けて、一九〇九年（明治四十二年）の第十七巻第四号には、ついに「日本青年の苦学難」という、方針転換を宣言した記事があらわれることになる。

刻下の状勢より推するに、我が青年の苦学は今後益々困難なるべきを知らずんばあらず、米国の貧児立身談を直ちに持ち来りて、之を我に適用する如きは、聊か時勢に通ぜざる観なきにあらず（略）曩に我移民は濠州より排斥せられ又米国より排斥せられ、移民すべき個所は、南米の一部に限らるゝ傾向あり南満州に移民を送還することは、露国の二の舞なりとの嫌疑を蒙り、非難の声少なからず（略）要するに人口多くして貧乏なり、為に捉ふべき機会も少なく、特に青年の苦学は年々困難にして、如何に志は大にして嘉すべきも、生活問題の為めに苦悶するに至るや必せり（略）果して然らば今後日本青年の苦学、貧児の立身は益々縮小せられ、将来の窮境察するに余りあり、日本今後の情態は決して従来の米国に於けるごとき貧児立身談を以て律すべきものにあらず。[35]

3　学歴獲得競争への参入

「成功」は「天下の多数者皆成功者と為らんこと」、すなわち貧しく学歴がない庶民であっても、リンカーンやカーネギーのように自助努力をすることによって「成功」することを企図していたにもかかわらず、結局、学歴の獲得のための受験競争に参入しなければならなくなってくる。そして、そのために「受験界」という欄を一九〇六年（明治三十九年）（第九巻第三号）から、「受験案内」欄を〇八年（明治四十一年）（第十四巻第一号）から、「苦学法」欄を〇九年（明治四十二年）（第十五巻第三号）から設けるに至る。

三宅雄次郎（雪嶺）による「図書館勉学法」の記事が出たのは「受験界」欄を設けた一九〇六年（明治三十九年）であり、帝国大学図書館長・和田萬吉による「図書館勉学法」は、「苦学法」欄が設けられた〇九年（明治四十二年）だった。

三宅雄次郎「図書館勉学法」

日本の帝国図書館の現状は、宛も、西洋での貸本屋の性質をも兼用して居るかの観がある。全体、図書館なる者は、普通に買ふとか、又は借りることの出来得る書籍以上に、広く諸種の参考書を取調ぶべき場合に、此図書館を要するのである然るに日本の図書館では、或は判検事弁護士の試験を受ける為めに、又は文部省の検定試験に応ずるために勉強する者などが、多くは此処に出掛ける様である。西洋では貸本屋の組織が整つて居るので、之等の受験者や其他読書家は皆普通の書籍は此貸本屋より借り出して読むことになつて居る。故に例えば英国のブリチッシュ図書館などに行つて見ても、受験者が受験用の書籍を借出して読んで居るなどのことは殆ど見当たらぬ。（略）日本の図書館では講義録も此処で読む、小説も此処で読むという有様で、全く図書館の目的を没却して居る者が多い。[36]

和田萬吉「図書館勉学法」

図書館に於て如何なる方法で書籍を研究するかは、大に講究す可き問題である（略）西洋にては一般の書籍の事は図書館で授け、一つ一つの纏った学科は教師が教へる事となってゐる、是が自然の順序である。（略）日本では図書館と教師との関係が親密でない。教師は単に自分の教授すべき事を教授しさへすればよいと云ふ考えで、その教授したものゝ参考書に就ては一向注意しない。（略）図書館にも注意の欠けてゐる傾きがある。それ故図書館側からも学生を指導して貰いたいと思ふ。（略）今日の処では折角図書館がありながら、其の図書館たるや単に学生が無方針で読みに来る傾きがある。（略）従って図書館の当事者も学生の要求に応じて書籍を供へるという念が起こらない。それ故何時までも図書館が発達しない。[37]

高田大観「図書館勉学法」

図書館は学生に取って非常に有益な物であると共に、学生ならざる紳士、勉学者に取っても非常に有益な物である。特に苦学生等に取っては、此の上なき勉学の楽土である、誠に大枚二銭（十回分買へば十二銭故一日分は一銭二厘に当る）を投ずれば、上野にある帝国図書館のやうな大図書館にも入る事が出来、如何なる種類の書物でも、大抵は見られるのだから是ほど調法なものはない。図書館創立以来、茲で勉学して名を成した者も甚だ少なくない事である。(38)

村上による初期の図書館論は、学歴や進学のためではない図書館での学びの理想をアメリカの例に求めた、いわば理想論だった。しかし、日露戦争後の一九〇七年（明治四十年）頃になると、図書館での学びも、すでに学歴の獲得や進学と結び付かざるをえないような状況になっていた。「成功」の高田大観や三宅雄次郎の図書館論はこの点でより現実的なものになっていて、進学や検定試験のために受験勉強をすることも図書館の利用方法のひとつとして語られている。

4　苦学の変化と「図書館勉強」の成立

働いて学資を稼ぎながら就学する、いわゆる「苦学」に特化した内容の『苦学案内』が初めて出たのは、一九〇〇年（明治三十三年）のことである。(39) 以後、「苦学法」や「独学案内」などの書名で、大正期末頃まで毎年のように出版される。

地方から上京した苦学生の多くは、中学校から高等学校、帝国大学といったエリートコースでの進学をめざしたわけではなく、たとえば工手学校や鉄道学校など、学費が安く短期間で卒業することができ、すぐに職を得られるような学校に入学するか、あるいは法律学校や医学校など職業資格試験のための予備校のような学校にパートタイムで通学する場合が多かった。そのような苦学のなかで、図書館は自分では入手できない参考書を読むことができ、勉強することができる場所として使われていた。案内書のなかには、苦学生に適した職業や夜間に通学できる学校の紹介とともに、東京市内で利用できる施設として図書館を紹介している。「成功」の「苦学法」欄の記事はこれらの『苦学案内』の内容と共通性[40]がみられる。

一九一〇年頃(明治四十年代)になると苦学の内容も次第に変化していく。医師や弁護士などの職業資格について試験任用から学歴任用への切り替えが徐々に進み、資格試験のための苦学や図書館での独学が、立身出世のためのバイパスとしては機能しなくなってくる。

菅原亮芳は、一九〇〇年前後(明治三十年代)以前の苦学は高等教育を求めるものだったのに対して一〇年頃(明治四十年代)には普通教育を求める苦学に変化していたことを明らかにしている[41]が、中学生の数は一八九二年(明治二十五年)に約一万六千人だったものが、一九〇四年(明治三十七年)には十万人を超え、一〇年(明治四十三年)には十二万人にも達している。いわゆる中学進学ブームのような状況が〇五年頃から一〇年頃(明治三十年代後半から四十年代)にかけて生じ、これによって普通教育(中等教育)を得るために上京苦学するという青少年が増えることになる。

しかし、この時点で『苦学案内』の情報は、普通教育を地方で受けたあとに上京することを促すものへと変化していて、ここに中等教育の学歴（中学卒業）を前提とした学歴主義が全国的に成立[42]していたことがうかがわれる。

一方、一九〇五年頃（明治三十年代末頃）には、いわゆる「学校出」が商店などにも進出[43]するようになっていて、実業界での立身もなかなか困難になってきて、結局、「成功」の読者である苦学生も学歴コースに沿った進学競争に参加せざるをえなくなる。〇六年（明治三十九年）一月の「記者と読者」の記事にある質問と回答は、このような事情とともに、「成功」記者に代表される一般の学歴や図書館に対するイメージの変化をよくあらわしている。

読者「生の父兄は生を中学校へ入れしめんと欲すれど生は小僧生活の大なる意味あるを喜び会社商店の小僧として勤勉し夜間図書館などにて随意に勉強せんことを希望す如何の方法を取るべきや」

記者「浅はかな君の心得かな、今の世は学識の競争なり、如何に実務上の取り引きなどに巧みなるも学識のなき者は見識なし如何に世に立ちて活動を為し得んや、されば貧者も競ふて学びの道を得んとするならすや、学校に行くよりも早く実業に従事し度きとの愚な考えは最早や二十年以前の小供の考えなり[44]」

中学校への進学が困難な場合は、中学卒業資格や高等学校入学資格を得るための「専検」（専門学校入学者検定試験）や「高検」（高等学校入学資格試験）を通過して高等教育に進むことをめざした。

そして、その受験準備のために中学講義録を用いる方法が生まれ、苦学もそのような内実に変化していく。中学講義録とは、主に小学校卒業後中学への進学が果たせずにいる人たちを対象に、民間団体が正規の中学校の教育課程を数年間に編成して発行した通信教育教材のことである。大日本国民中学会や明治講学会など、中学講義録を出している団体の広告が、一九一〇年頃（明治四十年代）以降になると「成功」誌上にも毎号掲載されるようになる。当時の中学講義録は現在の高等学校通信課程のように卒業資格を伴ったものではなく、修了してもそれだけでは何の公的な資格も得られなかった。しかし「専検」や「高検」の受験勉強用の教材としては格好のものだったようで、図書館はこの講義録を読んで勉強する場所として使われるようになってくる。

合格者岡山玉水生「専門学校入学者検定試験独学受験記」
その頃国民中学会に入会して暇々に普通学を勉強して居ました。或る時或る人から、検定試験の事を聞いて是非やらうと決心したのです。丁度其時此地に帰つて来て図書館通ひを始め、一年の間語学数学等を勉強しました[45]

「専検合格者体験談」
十八歳で上京苦学。新聞配達しながら研数学館初等科で数学を学ぶ。その他物理化学や地理歴史は図書館で独習。英語は講義録のみ。二十歳で第一回めの受験、二月、府立四中で失敗。数学は根本からやりなおし。英語は国民英学会。国語は方丈記や徒然草を詳しく調べ、物理化学

は中学の教科書。翌年二回め、府立三中で受験、博物ができず失敗。その二、三年後、第三回めは千葉中学で受験、合格。(46)

「成功」誌上にも、「受験案内」欄が追加された一九〇八年（明治四十一年）頃から独学法や独学経験談、苦学経験談などの記事が目立ち始め、その後は終刊まで判検事弁護士試験独学法や医術開業試験受験法、検定試験及第法、高等文官試験独学法、高等商業学校入学試験勉学法、高等学校入学試験前勉学法などの受験関係の記事が大きな割合を占めるようになる。気賀勘重の「独学経験談」は自身の経験談として図書館での独学を語っているが、ここでは独学すること自体を「図書館勉強」と表現していることが注目される。

高等文官試験及第者石射猪太郎「余が高等文官試験勉学法」

私が高等文官試験の準備を始めたのは一昨年一月の事で、その時中央大学の講義を聴きに行つて見たが、講義を聴ひても一向解らなかつた。それでも五月頃までは行つたり行かなかつたりしたが、愈々駄目と思うて五月限りで退学し、その後は専ら上野の図書館に通うた。（略）家では家族などがゐるので充分に出来ないから、毎日図書館に通つて、朝八時から晩の五時まで居た。勉強の時間は少ないやうであるが、殆ど欠かさずに毎日通つた(47)

気賀勘重「独学経験談」

図書館勉強法と云っても別に変つた意見も持つては居らんが、私は慶應義塾へ入学するまでの間は小学校卒業後は全く独学であつたから、独学についての経験を話して見ませう。（略）私は小学校卒業後は漢学、英語の私塾へ二年ばかり学んだ丈で、其の後は二十六年に東京へ出るまで四ヵ年半の間は全然独学、然も農業の手伝の余暇即ち夜と休日の独学であつた。[48]

5　地方改良運動の影響

一方、一九〇八年（明治四十一年）の戊申詔書の発布を契機として官民一体になった地方改良運動が始まり、政府の主導によって各地の青年団を中心に図書館設立の動きが起こると、「成功」にも地方での図書館設立の記事が載るようになる。

村上濁浪の「成功」思想には、その基本に報徳教にも通じる修養論[49]があり、地方改良運動との親和性も高かった。地方自治や青年団に対する注目の高まりに合わせて、「成功」にも「模範町村」欄が一九〇八年（明治四十一年）（第十三巻第六号）から、「地方経営」欄が〇九年（明治四十二年）（第十六巻第六号）から設けられ、「千葉県模範村源村視察記」や「地方自治の真髄」「賞賛すべき地方勤倹矯風事業」「模範とすべき地方青年会」などの関係記事が目立ち始める。渡邉又次郎「地方図書館経営法」や守屋恒三郎「地方図書館経営法」、湖北散士「日本第一模範的地方青年会[50]」、高田大観「地方青年会の図書館経営法[51]」、今澤慈海「模範的地方図書館」は、このような動向に沿って掲載されたものである。

渡邊又次郎「地方図書館経営法」
地方図書館を経営するには、第一に是れを取扱ふ人が最も肝要である（略）読書趣味の少ない田舎の人を呼ぶには、何うしても経営者の考え一つに依るのである。然らば何うしたらよいかと云ふと、常に機会のある毎に図書館の効能を吹聴し、世人をして図書館に通ふ考へを起させなければならぬ。（略）それ故若し図書館を経営せんとせば、事務に熟練するのみならず、常に人々を引寄せる工夫を怠つてはならぬ。（略）地方で経費がなくて図書館を始めやうと云ふには、始めは小規模から遣つて段々大きくするがよい。先ず特志な金満家などが、空いている部屋に多少の書物を備へると云ふ位から始める。まだ書物が少ないから目録など入らない。(52)

守屋恒三郎「地方図書館経営法」
一般の弊として、図書館は建物と書物さへあれば経営されると思うてゐるが、それだけでは決して経営されない。（略）日比谷図書館では、一日に五冊、一ヶ月に百五十冊乃至二百冊を買い入れてゐるが、大正元年の読物は古いと云つて一般に顧みられない位であるから、新書を買入れなかつたら殆ど図書館の用をなさないと云つてよい。（略）幸にも東京には図書館協会と云ふものを設け、上野図書館、日比谷図書館、大橋図書館などに集まる書物に就いて、新刊選定目録と云ふのを拵へてゐるが、之れは有ゆる新刊から選択するのみならず、選定した書物は程度、定価、頁数等を一々記入してあるから、地方の図書館には大変参考になるべきものである。(略)日比谷図書館には学者も来ればハッピ連中も来るが、料理屋の料理人などは、外国のお客が来るが、従来の料理法では面白くないから、何か別の趣向の料理法はないかと云って来る。(略)或るは又、水道の工事を遣りかけてゐるが、何も甘く行かないと云ふので、必要に逼られて来る。さう云ふ風に地方図書館も実際的になつたらよいと思ふ。(略)図書館を開くに経常費を持たず、只先輩などから寄附された書物を以てするやうでは必ず失敗する。寄附する人は本箱の掃除を図書館に頼むと云つた風だから、その書物は大抵四書とか古い歌の本とかで、寄附する人は余程気特顔をするが、然し余り有難くはない。(略)それ故図書館を設けるには是非とも経常費を見積もって、常に新しい書物を買ひ込まなければならぬ。[53]

今澤慈海「模範的地方図書館」

私は嘗て関西及び九州方面の図書館を巡廻したことがあるが、其れに就て特に感じたことは、山口県並びに九州方面の図書館が非常に発達したと云ふ点である。(略)例へば佐賀辺の書物の貸出す方法が洵に簡単である。其の貸出す条件としては、佐賀市内に住する者(必要の場合には保証人を立てしむ)とあるのみで、国税を納めて居る者とか保証人を幾人立てよと云ふ、種々な八釜しい条件は一つもない。勿論大都会では余程考へて遣る必要もあらうが、各県の図書館ではそんな六ヶしい条件を附けるには及ばない。(略)地方図書館一体の傾向は、従来に在りては単に書物蔵として、多くの書物を貯蔵するを以て能事終れりとして居たのが、近来はその態度を一新し、成るべく便宜を図つて書物を読ませるやうに努めて来た。之れは確かに地方図書館の新しい傾向であらうと思ふ。（略）或る地方では、青年が非常に悪遊びばかりして困るので、色々之が予防策を講じた結果、共同の湯殿を造つて村中で交る〳〵それを沸し、且つ其処に有益なる図書を備へ付け、湯上りの清々した時にそれを読ませ、又そこで談合することにした処が、それからは青年の風儀が大変よくなつたと云ふことである。斯様なことも御大典記念として甚だ有益なことであらうと思ふ。(54)

渡邊、守屋、今澤の三人は、一九〇八年（明治四十一年）に開館した東京市立日比谷図書館の初代、二代目、三代目の館長であり、それぞれの経験から、具体的な図書館経営の注意点や先進事例をあげ、育英事業としての図書館の振興を訴えている。

また、この時期になると、地方改良事業や育英事業に対する注目の高まりとともに、市助役や小学校長などの「地方自治の成功者」を顕彰するような記事(55)もみられるようになる。「都市集中の盛時には眼を転して地方に成功の道を求めよ(56)」という主張も出されるなど、初期の「海外雄飛」による「目標を高処に立て」た成功を唱えていた論調から、地方でのささやかな成功を推奨するように、「成功」誌全体の論調が明らかに変化していることがわかる。図書館に対する認識も、リンカーンやカーネギーの伝説に登場する自助努力のための先進施設としてではなく、奨励すべき地方の育英事業のひとつとして注目されている。

6　独学の変化と図書館

以上のことから、図書館の取り上げ方は、「成功」という雑誌そのものが時代の変化のなかで余儀なくされた論調の変化に伴って変わってきたことがわかる。しかし同時に、ここには近代日本の「資格社会」化から「学歴主義の内面化」[57]へ、そして「学歴と資格がリンクする社会の到来」[58]へという変遷の過程が端的にあらわれている。

一八九七年（明治三十年）の帝国図書館官制の制定と九九年（明治三十二年）の図書館令の公布に象徴されるように、図書館に対する政治的評価が定まったのは一九〇〇年前後（明治三十年代）であり、これに伴って、図書館数や利用者数は〇五年頃（明治三十年代後半）から急激に増加する。それ以前は、日本での図書館利用の実例も少なかったことから、創刊当初の「成功」は、欧米の事例から図書館の効用を説き、図書館の設置と利用を促すような啓蒙的な論調にならざるをえなかった。

しかし、日露戦争後の一九〇七年（明治四十年）前後になると、実際に図書館を利用する青年たちが増えるとともに、彼らにとっては、次第に海外雄飛の可能性も閉ざされて、専門的職業資格も、実業での成功も、学歴コースに沿った進学を果たさなければ得られないようになる。自助的な、読書による学びそのものを目的としたような図書館利用は現実的ではなくなり、結局、進学競争の流れのなかに取り込まれて、図書館での学びが学校制度から独立したものではなくなっていった。

菅原亮芳は、一九〇五年頃（明治三十年代後半）には「独学」の世界が形成されつつあったことを明らかにしているが[59]、それは本来の独学、すなわち学校に就学せずに学習することではなく、講義録という学習媒体を利用して高等学校などの入学試験の受験資格を獲得するための独習だった。その独習のための空間を図書館が提供することになったのだが、〇〇年前後（明治三十年代）までの図書館論は、本来の独学――学校化過程や学歴主義の外にある自助的な学びそのものを目的とした独学――を、図書館という読書施設によって進めるものだった。そのような自助努力の理想像を示すために図書館が語られ、「成功」思想の重要な要素として図書館論が機能していたといえる。

しかし、一九〇五年頃（明治三十年代後半）以降も、検定試験や中学講義録と結び付いた学校化過程の一環ともいえる「日本的独学」[60]ではなく、「成功」が勧めるような自助的な独学の概念がまったく存在しなかったわけではない。独学案内書の嚆矢[61]といわれるものに、久津見蕨村の『立身達志独学自修策』（三育舎、一九〇二年）があるが、「万朝報」や「長野日日新聞」などの記者として活躍した著者の久津見蕨村は特定の学校での就学歴をもたない独学者であり、自身の経験に基づいて独自の独学（自己教育）論を説いている。

久津見は序文で「余は近時の書生が、学校教育にのみ重きを置きて、自から教育する事の、更に大切なる所以を解せざるを嘆ずるもの也」として、「学校に入れると否とを問はず、苟も学問に従事して身を立て世に出んとするもの」のために「自ずから教育する所以の利益、効果、方法を[62]」講じるという。「独学自修の法誡に能く之を究めば、即ち立身出世の道を得る」と言い、久津見が説く独学（自己教育）の究極の目的が「成功」と同じく立身出世だったことがわかる。そして、かつては「大学の卒業学士と云へば、一時飛鳥をも落すべき勢力」があったが、今日ではその「バッチエラー」の看板も効果が薄くなり、世界は「実力の競争場」「特色を以て争はざるべからざる舞台」になった。「一箇何学士なる看板のみにては未だ以て世の尊敬を買ひ、好位置を買ふことを得ざるに至れる」ような世情であるから、学士の学歴に頼るよりも、独学によって「其の性格才能を研磨して、以て世に立たん」ことを勧めている。[63][64][65]

久津見の独学論が出版された一九〇二年（明治三十五年）は、菅原がいう「日本的独学」の世界が形成され始めた時期である。「日本的独学」は資格試験と分かちがたく結び付いていて、資格取得のための学習装置としての中学講義録とは不可分のものだったが、〇五年頃から一〇年頃（明治三十年代後半から四十年代）までは、このような講義録を使った資格取得のための独学だけでなく、久津見や初期の「成功」が説くような、自助的な独学にも図書館が利用されていたようである。この時期の『苦学案内』では、図書館での独学について次のように解説している。[66]

（第七章　図書館勉学）勉学の方法としては一定の学校に通学するが最も適当な修業法ではあるが諸君の中には自己の事情の許さぬ人もあらう。かゝる人は独学より外に道はない。諸君の中には独学は其得る所が無いかの様に考ふるならんも、さすがは学府の東京丈あって独学勉強の機関は完全に備はって居るのである。茲に記るす図書館の如きは日々此独学苦学生で充満され、其熱心なるは驚くほどである、中には年中さながら自家の如く終日一意専心に勉強し居る者がある。[67]

（図書館の独学）学問をするには穴勝学校へ通ふより外無いと云ふ事はない、当今有数の学者中にも、随分学校教育は小学校の課程も受けないで、已れが一心の独学で天晴雷名を轟かした人は少なくないのである、何しろ学問をするには学校より熱心なのである、されば諸君も都合上或は事情等の為め、一定の学校へ通ふ事が出来ぬならば、暇のある時図書館に通つて大に独学すべしである、図書館は天下有ゆる図書を蔵して、公衆に閲覧せしむるのは諸君の知らるゝ通りである。[68]

先にあげたように「成功」の「苦学法」欄の記事は、このような『苦学案内』の内容と共通性がみられる。一方、「高等商業学校入学試験勉学法」や「高等学校入学試験前勉学法」など高等教育機関への進学に関する記事については、同時期の「中学世界」と内容や執筆者が共通するようになる。貧しくて進学できない青少年でも、リンカーンやカーネギーのように努力をして「自助的人物」となることで「成功」に至ることができる。そのような苦学生の「同情者を以て任じ、其精神に激励を与へん」[69]ことを目的としてきた「成功」の記事内容が、一九二〇年前後（大正期）以降は学歴エリート向け雑誌である「中学世界」と似たようなものになっていくのである。

しかし、このような論調の変化の原因は、村上ら「成功」の発行者側にあったのではなく、むしろ読者の側の意識が変わったことにあった。一九一四年八月号では、編集者から読者に対して、次のようなメッセージを出している。

記者と読者欄の質問の十中八九が俸給の多寡です。（略）此のセチ辛い世の中の事ですから、食ふことなどは考へるなと云ふのではありませぬ。出来るだけの方法を行うて食ふことに勤めなさい。だが、男子の全力を用ふることは未だ外にあるでしやう。即ち自分の志を行ふと云ふことです。此の志を行ふと云ふことがあつて人は尊敬の価値があるので、食ふことばかり、勉めるやうな人は男子の風上に置けない人です。(70)

「成功」の読者の多くは、この時期すでに海外での事業の大成功などではなく、生活の安定のためのささやかな成功を求めるようになっていた。学歴主義の浸透によって「成功」の度合いも、学歴のいかんによって決まるようになると、学校卒業後の俸給や職業資格取得後の収入の見込みなどが読者の関心の中心になり、修学や進学についての情報もそのためのものとして報じられるようになる。そして、図書館についても、「中学世界」と同じく、受験勉強に利用できる学習空間という認識にすぎなくなる。

しかし、それでも「成功」は、最後まで従来の志向を貫こうとした。第一次世界大戦の開戦をきっかけにした「強者主義」(71)宣言に続き「従来の記事に一大刷新を加へ新時代の潮流を指導するに意を用ゐたれば此点に於ても破天荒の福音に接すべし」(72)と「大拡張予告」なるものを出して、あくまでも「古今東西の偉人」を模範とした立身と「成功」を奨励する論調に復しようと企てる。ところが、この「大拡張予告」の二カ月後の一九一六年（大正五年）二月に「成功」は終刊を迎えることになる。

「成功」がモデルにした *SUCCESS* などのアメリカの成功読本が、成功には学歴が大切であると主張し始めるのは一九二〇年代である。[73] 日米間の学歴社会化のこの時間差が、「成功」の図書館論にも、近代日本の図書館観にも影響を及ぼしたといえる。

注

（1）菅原亮芳「近代日本人のキャリアデザイン形成と教育ジャーナリズム（1）研究計画・「大日本国民中学会」・『新国民』（その1）」、高崎商科大学メディアセンター編「高崎商科大学紀要」第二十二号、高崎商科大学メディアセンター、二〇〇七年、三九ページ

（2）険峰樵夫「上野図書館のぞき」「中学世界」第十巻第二号、博文館、一九〇七年、一二三―一二五ページ

（3）「壮丁教育調査概況1」『近代日本教育史料叢書史料篇』宣文堂、一九七二年

（4）竹内洋『日本人の出世観』（現代選書）、学文社、一九七八年、一一一ページ

（5）E・H・キンモンス『立身出世の社会史――サムライからサラリーマンへ』広田照幸／加藤潤／吉田文／伊藤彰浩／高橋一郎訳、玉川大学出版部、一九九五年、一六二ページ

（6）雨田英一「村上俊蔵の生い立ちと思想形成――近代日本における競争と倫理」、研究室紀要編集委員会編「研究室紀要」第十二号、東京大学教育学部教育史・教育哲学研究室、一九八八年

（7）石井研堂『明治事物起原』（『明治文化全集』別巻）、日本評論社、一九六九年、一二八三ページ
「村上俊蔵は、静岡県引佐郡中川村中川の産にて、明治五年一月生れ、三十二年に出京し、当時青山学院の松島剛の出す所の雑誌〔学窓余談〕の編集を手伝ひ居たりしが、同雑誌が書肆春陽堂にて経営するに及び、村上も亦春陽堂に移れり。同雑誌廃刊の後、村上は独力、本郷区弓町の自宅にて、修養雑誌〔成功〕を発行せり。スマイルズの自助論主義のものにて、幸に世評よく、一時は、出版界に『成功』の二字を多く見る程に流行したりき」
（8）雨田英一「近代日本の青年と「成功」・学歴――雑誌『成功』の「記者と読者」欄の世界」、学習院大学文学部編「学習院大学文学部研究年報」第三十五号、学習院大学文学部、一九八八年
（9）「発刊之趣意」「成功」一九〇二年十月号、成功雑誌社
（10）雨田英一「村上俊蔵の「成功」の思想――近代日本における修養思想の一形態」、日本教育学会機関誌編集委員会編「教育学研究」第五十九巻第二号、日本教育学会、一九九二年、一五九ページ
（11）村上濁浪「成功主義は何故に現代に必要なる乎」「成功」一九〇六年十月号、成功雑誌社
（12）同論文
（13）「感想録」「成功」一九〇三年五月号、成功雑誌社
「斯世何の所ぞ（略）斯世の只、天職を尽すべき場所に外ならざる」
（14）『実業之日本社七十年史』実業之日本社、一九六七年
（15）天川潤次郎「明治日本における「立身出世主義」思想の起源」「経済学論究」第四十三巻第三号、関西学院大学経済学部研究会、一九八九年、五〇七ページ
（16）前掲「発刊之趣意」
（17）村上濁浪「日本国民と新文明建設」「成功」一九〇七年四月号、成功雑誌社

(18) 当時の代表的な言論人だった高山樗牛は次のような論を残しているが、ここには明らかに社会進化論の影響が認められ、村上の論との共通性もみられる。高山林次郎「世界主義と国家主義」「太陽」一八九七年八月号、博文館、四一ページ
「社会進化の過程に於ても、平等無差別の発達は到底是世には見るべからざるなり、所詮是限りある地上の資力の上に、是無定限の所縁を宿す、自ら利害相異なるもの無きを得ず、おのづから強弱あらざるを得ず、自ら適者生存し、不適者滅亡せざるを得ず、是れや、上は人生寄託の最高形式たる国家より、下は一個人に至るまで、免れがたき制約なりと言ふべからむ」
(19) 前掲「日本国民と新文明建設」
(20) 前掲『日本人の出世観』一一七ページ
(21) 村上濁浪「成功哲学」「成功」一九〇六年二月号、成功雑誌社
(22) 村上濁浪「成功哲学」「成功」一九〇六年四月号、成功雑誌社
(23) 村上濁浪「地方青年と図書館」「成功」一九〇二年十二月号、成功雑誌社
(24) 村上濁浪「全国各町村に図書館を設けよ」「成功」一九〇五年五月号、成功雑誌社
(25) 前掲『ボストン市パブリック・ライブラリー理事会報告』
(26) 村上濁浪「富蘭克倫青年時代」(「成功」一九〇三年一月号、成功雑誌社)、カーネギー述「貧児と成功」(「成功」一九〇五年七月号、成功雑誌社)など。
(27) 前掲『ボストン市パブリック・ライブラリー理事会報告』
(28) 「記者と読者」「成功」一九〇三年十一月号、成功雑誌社
(29) 「殖民論」「成功」一九〇四年一月号、成功雑誌社
(30) 「小官吏に甘んずる勿れ」「成功」一九〇三年九月号、成功雑誌社

「本年文科大学の卒業生中、地方に出る者は別として、東京に留まる者の最高給者は月報三十円（略）男児生れて学を為す、大貢献を為す能はずんば死すとも瞑せず、寧ろ是ばかりの俸給に甘んじて小官吏など成り終らんより、漠々たる亜米利加の野、人の来るを竢ち、支那の陸邦人の開拓を待つ、男児腕を振ふは正に此処、一衣一笠、遠遊の途に上るべし」

（31）村上濁浪「目標を高処に立てよ」「成功」一九〇四年七月号、成功雑誌社

（32）村上濁浪「小成功後の修養」「成功」一九〇六年一月号、成功雑誌社

「偉人と凡人との分岐点は何れにありやと云ふに、後者は或る小成を得て之に満足し居るに反し、前者は此点に於て満足する能はず、一を得て更に二、二を得て更に三、何時までも何処までも進んで止まる所を知らざるの点にあり（略）勤めよや諸士、上には上あり、其上には又其上あり、古今歴史中の偉人と比較して遜色なきまでに至らざれば未だ以て真個の大丈夫とは称するを得ず、努めよや諸士、死すとも小成に安んずること勿れ」

（33）村上濁浪「海外雄飛の機」「成功」一九〇四年六月号、成功雑誌社

（34）「現代就職案内」「成功」一九〇五年一月号付録、成功雑誌社

「同じ銀行会社にも大きいのもあれば小さいのもある。確実なるもあれば不確実なのもある。素より一様には言へぬが、先づ中以上の分を話せば、今日では総ての使用人―算盤方より帳付けに至るまで、相当な学校出でなくては使用せぬ。明治三八年の三井銀行では中間管理職二七人中十四人、日本郵船では四五人中二〇人が高等教育卒業者であり、同年の日本鉄道では主事以上のほとんどが高学歴者によって占められていた」（「大会社と明治生まれの若手」「実業之日本」第八巻第七号、実業之日本社、一九〇五年、六五ページ）

（35）「日本青年の苦学難」「成功」一九〇九年十二月号、成功雑誌社

(36)三宅雄次郎「図書館勉学法」、前掲「成功」一九〇六年六月号
(37)和田萬吉「図書館勉学法」「成功」一九〇九年二月号、成功雑誌社
(38)高田大観「図書館勉学法」「成功」一九〇九年九月号、成功雑誌社
(39)菅原亮芳「近代日本私学教育史研究(6)——苦学・独学情報・「私学」情報の実証的分析」、日本私学教育研究所編「日本私学教育研究所紀要」第一巻第三十七号、日本私学教育研究所、二〇〇二年、五ページ
(40)前掲『東京苦学案内』
「(第十二　図書館の独学)自活苦学の方法は前に述べた通であるが若し都合があつて学校へ通ふ事が出来ず亦学校へ通つて教師の講義を聞かんでも研究が出来る科目なれば敢へて一定の学校へ入学しなくとも図書館で読書すれば充分の勉強が出来る尤も一定の学校へ通つても参考書籍を一々購究する事は実際金が懸る故との諸君には図書館の事を説明する必要がある先づ第一最も完成してゐる上野図書館の事を話して置ふ(略)読まうと思ふ書籍の名を更に書加へて監守員に渡せば直ぐ其書籍を渡してくれるに依つて何処でも明ひて居る机を占領して勉強するのだ」
(41)前掲「近代日本私学教育史研究(6)」二六ページ
(42)同論文二六ページ
(43)前掲「小官吏に甘んずる勿れ」
(44)「記者と読者」、前掲「成功」一九〇六年一月号
(45)合格者岡山玉水生「専門学校入学者検定試験独学受験記」「成功」一九一五年七月、成功雑誌社
(46)「専検合格者体験談」、大日本国民中学会編『中学検定指針』所収、国民書院、一九一七年
(47)高等文官試験及第者石射猪太郎「余が高等文官試験勉学法」「成功」一九一四年一月号、成功雑誌

社
(48) 気賀勘重「独学経験談」「成功」一九一三年十月号、成功雑誌社
(49) 村上濁浪「二宮尊徳を研究せよ」「成功」一九〇五年九月号、成功雑誌社。このほかにも「成功」には、三宅雄二郎「報徳的努力奮闘主義」（「成功」一九一〇年四月号、成功雑誌社）など報徳教への共感があらわれた記事がある。
(50) 湖北散士「日本第一模範的地方青年会」「成功」一九一五年八月号、成功雑誌社
(51) 高田大観「地方青年会の図書館経営法」「成功」一九一五年十一月、成功雑誌社
(52) 渡邉又次郎「地方図書館経営法」「成功」一九〇九年六月号、成功雑誌社
(53) 守屋恒三郎「地方図書館経営法」「成功」一九一四年十二月号、成功雑誌社
(54) 今澤慈海「模範的地方図書館」「成功」一九一五年十二月号、成功雑誌社
(55) 緒方秋水「地方自治の成功者 恵利千次郎君」「成功」一九一〇年十一月号、成功雑誌社
(56) 鎌田榮吉「都市集中の盛時には眼を転して地方に成功の道を求めよ」「成功」一九一〇年十二月号、成功雑誌社
(57) 前掲「近代日本私学教育史研究（6）」四ページ
(58) 天野郁夫『日本の教育システム——構造と変動』東京大学出版会、一九九六年、二五四ページ
(59) 前掲「近代日本私学教育史研究（6）」二六ページ
(60) 同論文一三ページ
(61) 同論文一二ページ
(62) 久津見蕨村『立身達志独学自習策』三育舎、一九〇二年、一ページ
(63) 同書三二ページ

(64) 同書三二ページ
(65) 同書三ページ
(66) 前掲「近代日本私学教育史研究(6)」一三ページ
(67) 篠原静交『東京苦学の栞――独立自活』山岡商会出版部、一九〇九年
(68) 酒巻源太郎『東京苦学成功案内』帝国少年会、一九〇九年
(69)「大旨」「綱目」、前掲「成功」一九〇二年十月号
(70)「読者諸君へ」「成功」一九一四年八月号、成功雑誌社
(71)「本誌新旗幟「強者主義」の宣言」「成功」一九一五年九月号、成功雑誌社
「今や世界には未曾有の大戦行はれつゝあり(略)噫其結果や如何。時代は正に急転直下して、白兵戦的の時代来らんとす。(略)余輩は欧州戦争の結果、世界人類の生存競争が一層猛烈激甚と為り、弱者を以て組織する国家は到底滅亡の外なきを信ずるものなるを以て、我が国民をして是等競争場裏の絶対的勝利者たらしめんが為め、茲に強者主義を唱道す」
(72)「雑誌『成功』大拡張予告」、前掲「成功」一九一五年十二月号
「明治の後半に於て一大思潮を造り立志独立の旗を翻して天下を風靡せし雑誌『成功』は大正御即位後の第一年に於て更に一大拡張を行ひ天下に見ゆるあらんとす。この拡張は御即位後の第一年に於て行ふものなるを以て大正の御代を益すべき最も有益多趣味の材料を撰定するに苦心し明年元旦号以後巻頭写真版を増加して八頁と為し紙数を激増して菊版百六十頁と為し、其の半部に於て盛に『古今東西の偉人』に関する記事を満載あらんとす。(略)更に本誌は従来の記事に一大刷新を加へ新時代の潮流を指導するに意を用ゐたれば此点に於ても破天荒の福音に接すべし、刮目して竢て。新年号よりの本誌は紙数を増加して従来の約二倍と為し菊版百六十頁と為すの予定なれば(略)諒之」

(73) 竹内洋『立身出世主義――近代日本のロマンと欲望 増補版』世界思想社、二〇〇五年、二〇ページ

第6章　勉強空間としての図書館の成立

1　「遊学」から「受験」へ

立身のための勉強空間

前述のように、図書館での読書が、読み物などの娯楽のための本ではなく、教養書や実用書を黙読する「学習としての読書」だったことが、明治期の図書館利用の特徴だった。そして、上京遊学者を含む学生を中心として図書館が広く一般に利用されるようになったことで、図書館という施設そのものが、読書のためというよりも学習のための場所とみなされるようになる。学習の内容はさまざまだが、時期が下るにつれて、その目的が次第に定まってくる。

先にあげた徳冨蘆花の回想のように、一八八七年（明治二十年）頃、上野の図書館で、「理科の書」を「大学の入学準備を整ふる為」[1]に読んでいる青年がいた。この時期の上京遊学は、総体的には近代化という大きな社会変動に起因するものだが、[2] それは同時に、個人レベルでの立身出世主義につながるものだった。学生が図書館で学習することも、最終的には立身出世、すなわち、富の獲得と社会的上昇移動が目的だったといえるかもしれない。当時の青少年向け雑誌「頴才新誌」では、「勉強セザレバ幸福ヲ得ル能ハズ故ニ日々学校ニ行キテ能ク勉強セバ賢人トナリテ人ニ用ヰラレ又官位ニ登ルアリ勉強セザレバ後ニハ必ズ愚人トナリテ其身ヲ終ルベシ[3]」というように勉強すなわち努力を伴う学習による立身出世を盛んに説いている。

しかし一八八〇年前後（明治十年代）までは、その「勉強」や「立身出世」にも具体的な目標がなく、漠然としたものだった。それが九〇年前後（明治二十年代）になると、学校制度も整備され始め、職業資格が学歴と結び付くようになる。八六年（明治十九年）の諸学校令で帝国大学を頂点とした学校の序列が定まり、さらに翌八七年（明治二十年）の文官試験試補及見習規則の制定で官吏の任用試験の受験資格や試験の免除が特定の学校の卒業という学歴によるようになったことを転機として、これ以後、立身出世の大きな目的が上級学校への進学による学歴の獲得になった。そしてこのことが、図書館での読書を、純粋に各専門分野について学ぶための読書から、学校の入学試験のための準備学習に変えることにつながる。

それでも、一八九〇年前後（明治二十年代）までは中学校の卒業者数も少なく、進学を望む学生の絶対数はまだ少なかった。[4] 試験はのちのように入学者を選抜するための試験ではなく、基本的に高等中学校または高等学校等の授業についていけるかどうかの絶対的学力をみるためのものであり、入試倍率も九五年（明治二十八年）で一・五倍程度、九〇年前後（明治二十年代）を通じて高等中学校や高等学校の定員充足率は高くても七〇パーセントほどだった。[5]

このことは遊学ガイドブックの内容にもあらわれている。『東京遊学案内』に代表される上京遊学者のためのガイドブックには、学校の紹介記事や付録として入学試験問題などはあっても、入学試験の準備や受験勉強のしかたについての記事はなかった。そのかわりに、東京での下宿の探し方や通学しながらでもできる仕事の紹介に多くのページをさいている。[6]「遊学」すなわち故郷を離れて他国にいって学ぶための上京が盛んだった時代には、入学試験よりも東京での学生生活を成り立たせることのほうが大きな課題だったことがわかる。

一八九二年（明治二十五年）に約一万六千人だった中学生の数が十万人を超えたのが一九〇四年（明治三十七年）、中学卒業生が一万人を超えたのが〇六年（明治三十九年）[7]である。いわゆる中学進学ブームのような状況が生まれたのが〇〇年前後から一〇年頃（明治三十年代から四十年代）にかけてであり、これに伴って高等学校などの入学試験の倍率が急上昇する。「受験」という言葉が学校の入学試験を受験することだけをさすものとして使われるようになったのはこの頃である。[8]

このような変化に合わせて、上京遊学者による図書館での読書も、漠然とした「学習としての読書」から「受験勉強」へと変わっていったと考えられるが、では、「受験生」の利用が増えたことによって日本の図書館が決定的に変化したのは、どの時点からなのだろうか。

以下、これまでの章で記述したこととの重複も含むが、一八九〇年前後から一九二五年頃（明治二十年代から大正末期）までをいくつかの時期に分け、データとともに再整理したい。

第一期――一八八六―九四年（明治十九―二十七年）

「入学試験」という用語を文部省の法令で初めて使うのは一八九四年（明治二十七年）[9]だが、小学校令、中学校令、帝国大学令、師範学校令が制定された八六年（明治十九年）から、高等学校令によって高等学校が成立する九四年（明治二十七年）までの間は、中学校の卒業者数も少なく、進学のための受験生の絶対数がまだ少ない時期だった。入学試験も、高等教育課程の履修に際して絶対的学力を判定するためのものであり、倍率も九五年（明治二十八年）で一・五倍程度だった。

この時期の図書館利用者の多くは「医者、判検事、弁護士」などの職業資格試験の受験者であり、試験準備のためだけに図書館を使う一時的な利用者[10]だった。

医師や教師、弁護士などの専門的職業人については、一八六〇年代から一九二〇年代半ば（明治・大正期）を通じて、帝国大学や師範学校の卒業生だけでは絶対的な供給が不足する時期が長く続く。そこで必要とされたのが、職業資格試験による任用である。医師の場合、医術開業試験と呼ばれる検定試験によって医師免許を取得した人の割合は、一八九〇年（明治二十三年）で六五パーセント、一九〇〇年（明治三十三年）でも六三パーセント[11]であり、学校を卒業して医師になった人数よりも試験に合格して医師になったほうが多数を占める状況が続いた。試験が廃止される一六年（大正五年）まで毎年五百人近くがこの試験によって医師になっているが[12]、受験準備のための医学専門の予備校もあり、これらの予備校に通い、または医学書を読んで独学で知識を身に付けて、ともかく試験に合格しさえすれば、学歴に関係なく医師になることができた。

中等学校教員も、一九〇四年（明治三十七年）の調査によると、全体の約六〇パーセントを占める有資格者のうち、検定試験によるものの割合が約五〇パーセントになっている。[13]検定試験の合格者は一九〇〇年前後（明治三十年代）で年間三百人から四百人くらいであり合格率は二〇パーセント前後だが、この試験に合格すれば、仮に中学校を卒業していなくても中学校などの教員になることができた。

また弁護士については、一八八〇年（明治十三年）に「代言人規則」が改正されて全国一律に検定試験をおこなうようになったことを契機に私立の法律学校が多く設立され、試験のための準備教育をおこなうようになる。学歴による無試験検定は、九三年（明治二十六年）に定められた弁護士法でも帝国大学法律学科卒業生だけだったので、代言人や弁護士については、数が多かったのは常に私立法律学校に学んだ検定試験合格者だったといえる。また司法官についても八四年（明治十七年）に「判事登用規則」が定められ、試験登用の道があった。

一八八一年（明治十四年）から八五年（明治十八年）までの受験者総数七千九百六十八人に対して、合格者三百七十一人という記録が残っている[14]が、これによれば合格率は五パーセント未満で大変な難関である。しかし、それでも数多くの若者が、代言人や判事・検事になることをめざして私立法律学校に集まってきたといわれている。

このような検定試験の受験者が図書館を利用していたと考えられるが、法律学校や医学校のテキストになった図書も、一八九〇年前後（明治二十年代）から当時の官立図書館である東京図書館の蔵書として収蔵されていた。明治期を通じて、法律や医学の専門図書には翻訳書が多く含まれているが、それらの図書の翻訳を進めていたのは翻訳局であり、翻訳局編の図書は刊行されるごとに東京図書館に所蔵[15]された。また、そのほかの出版物も、それを出版・公刊する際には、出版条例に基づく検閲のために内務省に提出された新刊図書二部のうちの一部を東京図書館に納本した。前述のように、一八七五年（明治八年）に始まったこの納本制度によって、法律学校や医学校の講義録、資格試験の問題集なども、国内で出版したものはすべて東京図書館に所蔵されることになる。法律や医学の専門書、外国語の原書やその翻訳書、さらには講義録、試験問題集まで、職業資格試験の受験勉強という新たな学習の需要が発生した時期に、受験者の情報要求に応えるような資料がそろっていた数少ない施設が東京図書館だった。当時の図書館に収集されていた法律や医学、英語、数学などの専門分野の図書は、まずこれらの学生によって、試験勉強のための教材として活用されていたといえる。

第二期——一八九五—一九〇五年（明治二十八—三十八年）

一八九四年（明治二十七年）に高等学校令が定められ、それまでの高等中学校は中学校ではなく高等学校になった。しかし、その後も中学卒業生が一万人未満だった一九〇五年（明治三十八年）までは、高等学校の入試倍率も三倍未満だった。そこで、一八九五年から一九〇五年（明治二十八—三十八年）までの十年間を第二期とすれば、この間に図書館での勉強、ことに職業資格試験のための受験勉強は、ますます盛んになっていたようである。当時の独学者向けの案内書にも、図書館での勉強を奨励した次のような紹介記事があり、少なくとも受験生の間では、図書館での勉強が一般的になっていたことがわかる。

（第十二　図書館の独学）自活苦学の方法は前に述べた通であるが若し都合があつて学校へ通ふ事が出来ず亦学校へ通つて教師の講義を聞かんでも研究が出来る科目なれば敢へて一定の学校へ入学しなくとも図書館で読書すれば充分の勉強が出来る尤も一定の学校へ通つても参考書籍を一々講究する事は実際金が懸る故との諸君には図書館の事を説明する必要がある先づ第一最も完成してゐる上野図書館の事を話して置ふ（略）読まうと思ふ書籍の名を更に書加へて監守員に渡せば直ぐ其書籍を渡してくれるに依つて何処でも明ひて居る机を占領して勉強するのだ[16]

一方、この時期は図書館に対する政治的・社会的評価が高まった時期でもある。一八九七年（明治三十年）の帝国図書館官制制定の契機になった建議案は、東京図書館を「設備未ダ完全ナラズ」、「規模尚狭小」で「国家ノ需要ニ充ツルニ足」るものではないため、「中央便利ノ地ニ移シテ之ヲ帝国図書館ト称シ大ニ其ノ規模ヲ拡張シ其ノ設備ヲ完全ニスヘシ[17]」と、欧米諸国並みの規模の国立中央図書館の設立を求めるものだった。また、「今や横浜市は世界の横浜として其膨張革進の途にあり焉んぞ一図書館を有せずして已むべけんや[18]」とか「英米の如きに至りては、稍や大なる村落には必ず一個の図書館を有すといへり（略）翻って我が長野県下を見るに、未だ図書館らしき図書館あることなし、誠に海外に対し、他府県に向ひて恥づかしき事ならずや[19]」など、全国の主要都市で、都市に必要な施設として図書館の設立を望むような論が新聞に頻出した。日清戦争後の中高等教育の拡充政策と相まって、教育政策のなかで図書館がようやく国家的認知を獲得した時期でもあった。

では、早朝から「日々数百人」もの学生が押しかけるという状況が生まれたことについては、図書館側はどのように受け止めていたのだろうか。先にもあげた一九〇二年（明治三十五年）当時の帝国図書館長・田中稲城の談話は次のように続いている。

此書生などは此処ばかりで医者の試験なり、法律の試験なりを受けて採られれば、此処で教育をしたと云ツても宜い、四百人づゝ来れば年々四百人の卒業生が出来たと、マサカさうも行きませぬが、兎角さう云ふ理屈になる[20]

図書館としても、これらの学生たちが医師や弁護士などの職業資格試験の受験生であることは認識していて、それでも貴重な来館者として好意的に捉えていたことがわかる。

一方、進学のための受験生のほうも一八九七年（明治三十年）頃から徐々に増え始めていた。しかし、高等学校志願者数は一九〇五年前後（明治三十年代後半）でも五千人未満であり、試験の受験者数から推測しても、この時期の図書館の学生の主流は、まだ職業資格試験の受験生だったと考えられる。

第三期――一九〇六―一八年（明治三十九年―大正七年）

一九〇四年（明治三十七年）になると中学生が増えて十万人を超え、〇六年（明治三十九年）には中学卒業生が一万人を超える。しかし、その進学先として人気が高かった高等学校は、一八年（大正七年）まで全国に八校のままで増設されない。そこで、この十三年間を第三期とすると、この間に高等学校の入試倍率は急激に上昇し、〇八年（明治四十一年）には五倍近くになっている。第一高等学校だけをみれば六倍から十倍以上という競争率である。また、高等学校だけではなく一部の官立専門学校もこの時期には難関校になっていて、〇八年（明治四十一年）の東京高等商業学校と東京高等工業学校の入試競争率はそれぞれ六・一二倍と四・八六倍だった。当時の中学生向け雑誌の「中学世界」に次のような記事がある。

> 我国の教育は、この十数年間に、長足の進歩をなした、（略）中学校の生徒数は（略）今では十幾万に上って居るだらう。（略）此十幾万といふ、中等教育を受けた人の中には、直に実業に従事する人もあらうが、其多くは、これから進んで高等の学校へ入学しやうといふ人である。けれども吾国では、残念ながら、此十幾万の学生諸君を、残らず其目的通り、皆高等専門の学校に収容するだけの設備はないから、入学試験の結果、其志望者の過半は不合格として入学を許されず、入るべき学校のないのに困って居る。(21)

中学卒業者数と高等学校志願者数は、一九一〇年頃（明治四十年代）にも上がりつづけ、〇六年（明治三十九年）には一万人を超え、四年後の一〇年（明治四十三年）には一万五千人を超える。そして、これに伴って帝国図書館の入館者数も急増し、ついに〇七年（明治四十年）には年間二十万人を突破する。〇八年（明治四十一年）に東京市立の日比谷図書館が開館すると、「閲覧人の種類は、十人の内六人は学生にて（略）上野大橋各図書館と同様当館も矢張り学生の占有する処に御座候」[22]と、すぐに帝国図書館と並ぶほどの入館者が集まっている。

図書館に集まる学生は、「上野の帝国図書館は毎年六月には最も閲覧者の多いのは通例で是等は皆受験前の学生が参考書を調べに来て居るので六月の閲覧者が二万千四百余名に達した」[23]という新聞記事から、すでに職業資格試験の受験者よりも高等学校や専門学校への進学のための受験者のほうが多くなっていたことがわかる。この時期には、このほかにも「昨今の図書館」「読書界の近況」「図書館巡り」などとして、各図書館の来館者の数や種類、利用者が何を読んでいるか、などを報じた新聞記事がしばしばみられる。一方、「中学世界」はこの頃の図書館の様子を次のように報告していて、この時期には、受験生自身も図書館を格好の勉強場所と認識していたことがうかがえる。

幾百と云ふ攻学の士が、余等二人の入来つたのには気も付かず一生懸命書籍に眼を晒らし、亦余念なき風である。それかと思ふと、此方ではノートを出して、せつせと抜粋をやって居るのもあつた。中には同一科目の書籍をば三四冊も取り出して、甲乙比較研究して居るのと見え、半頁ばかり読んでは他の書物を読み、復た一頁程閲ては次の本に替へ、又次の本に移るといふやうに、一心不乱の士もあつた。（略）見渡したる満堂の学生諸君、凡そ三百人もあつたらうか、実に満員であつた。（略）欧文の大冊を繙き、つらつらと黙読して居たのも見受けた。何れかの秀才苦学生でゞもあつたであらう。[24]

またこの頃には、東京以外でも、その地方の図書館の利用状況についての新聞記事があらわれるようになる。これには、日露戦争後に内務省の主導で全国的に展開された地方改良運動のなかで、図書館を設置することが重要な通俗教育政策と位置づけられたことが背景になっている。地方改良運動の中心人物である井上友一は『救済制度要義』のなかで「庶民的教化教育中世人が其最も重要なると認識せるもの蓋し公共図書館制度に若くはなし[25]」と述べているが、その実態はともかく、この時期に地方改良運動によって図書館が全国的な規模で普及した。

一九〇七年（明治四十年）四月の「勢州毎日新聞」では、「教員の検定試験とか其他中等学校の入学試験とかいふ時期になると其の受験生は競ふてやって来て此の図書館で入学乃至は受験の準備をして行くさふであるが其の青年子女の本館に対する観念、態度は宛然として東京の苦学生が上野か日比谷か大橋かの図書館へでも行って志望の学科を勉強するやふな按配式だといふに至っては頼母しい[26]」と、まるで学生の受験勉強が図書館利用の標準であるかのような認識を示している。

一方、「中学世界」にも帝国図書館などの訪問記や大橋図書館の館内風景の写真などが登場して[27]いて、地方の学生のあいだでも図書館がなじみ深い施設になりつつあったことがうかがえる。この頃、創刊間もない日本文庫協会の「図書館雑誌」に、帝国図書館長の田中稲城によって興味深い論が出されている。

余嘗て地方を巡回し実見したる所によれば、図書館閲覧人職業別の内に無職業と云ふ青年男子尤も多し。蓋し其多くは前項に述べたる下級学校卒業生にして、上級学校に入る能はず、亦一定の職に就く能はざる者ならん。実に此輩の為に図書館は天来の福音なり。(略)図書館に於て学校と同じく試験制度を設け、苟も平生引き続き来館する者には、其人の望により読書の指導を為し、或は読書のみにて十分ならざる学科の為には特に講義を催し、一定の期間の後は、是亦本人の望により試験を施し、証明書を与へ、一定の資格を与ふるの制を設くることゝしては如何。さすれば図書館は簡易なる学校又は講習会等の代用を為し、来館者も亦仮令学校科程を順歴せざるも、立身出世の関門に多少融通すべき得ると為り、図書館の効果も一般に公認せられ、官民共に其設立に汲々たること猶今日の学校の如くなるに至らんか。(28)

ここで田中は、先の一九〇二年(明治三十五年)の新聞談話を引き継ぎ、図書館での自習の効果を説いて、それに講義と試験を付して学校教育の代用とすることまでも提案している。図書館を学校に準じる「簡易なる学校」と位置づけ、学生の勉強空間となることを積極的に進めることで、その存在価値を高めて普及を図るというアイデアが、この時期には図書館政策を進める側にも生じていたことがわかる。この「簡易な学校」という形容は当時の新聞記事にもみられるもので、(29) 図書館とは学校のように学生が集まってきて勉強するところという認識が一般的になっていたことがうかがわれる。

その後、大正期になると、高等学校や専門学校などの田中がいう「上級学校」への入学試験競争がますます激しくなる。中学卒業生数は一九一六年（大正五年）には二万人を超え、二三年（大正十二年）には二万五千人と十年間で二倍以上に増える。

竹内洋は大正期以降の受験競争激化の要因について、エリートになる人材があらかじめ限定されているそれまでの庇護型の競争から、次々に勝ち残っていかなければならないトーナメント型の競争へと変化したことをあげているが、[30]このような受験競争の質の変化の背景には、入学試験そのものの普及と大衆化が大きく進んだことがある。最初の月刊受験専門雑誌が出版されたのが一九一三年（大正二年）、「受験」という言葉が日常用語として一般的に使われるようになったのが〇〇年前後（明治三十年代）[31]だとすれば、上京遊学や高等教育機関への進学が一部の限られた富裕層だけの話ではなくなり、中学校にいくことや、そこからさらに進学することがそれほど特殊なことではなくなってきたのが二〇年前後（大正期のはじめ頃）だったと考えられる。入学試験の大衆化と受験者層の拡大によって、全国的に図書館の設立も促進され、それが図書館で受験勉強をする学生数の増加として顕在化したといえる。当時の「中学世界」にも、次のような体験記を載せている。

四月中の勉強は実に猛烈でした。朝八時から十二時まで補習科、それから直ちに図書館に突進して、二時までむやみに幾何の問題にぶつつかる。そしてもし幾何に倦きると、一心に国文の本を借りて読みました。[32]

午前五時起床、午后十一時臥床、遅くも五月初旬には試験科目発表になる。（略）五月となれば、余す所只二個月、予備校へ通学するも、其時間が気がゝりになる。依て、寧ろ、独学で二個月を費やす方が、利益と、考へらるゝが、勢ひ時間の必要に責められて独習する様になる[33]
第三図書館使用の件　これは大に奨励する。家などに居ると、無駄な事に駄弁つて受験前の貴重な時を空費し勝ちのものである。夫よりも「君子危きに近よらず」とか、静かな図書館へ行けばどれ丈自分の為になるか分らぬ。予備校の自分の出ない時間なども大いに図書館に入る可しである。[34]

このように、一日中勉強している「受験生」という存在が一般に認知されるようになるにつれて、その生活の一部として図書館に通って独習することも広くおこなわれるようになっていった。

ある日は、出京の最初の日岩木に教へられた上野の図書館へ行ってみた。（略）自分はその一冊を持って閲覧室へ入った。空席をさがして、本を広げて読みにかかったが、まはりのことばかり気にかかった。ちょいちょい顔をあげて盗むやうな目であたりを見た。みんな脇目もふらず一心不乱に勉強してゐる様子だった。白鉢巻などしてゐるのも何人かゐた。受験生が圧倒的に多いらしかった。わきに積み重ねてある本や、ひろげてあるノートなどからすると、図書館の本よりは図書館の場所を利用することが目的であるやうに見えた。それにしてもなんといふたくさんの受験生であらう！　制服の学生なら今の時間はまだ学校にゐる筈だ。あの机に向っている恰好はただ読書を楽しんでゐる者の様でもない。するとどうしても受験生でなければならない。三十を越した法律書生から自分などと同じやうな者まで種々雑多な試験の亡者がここに集まってゐるのだらう。（略）階段を上ってすぐの、誰の目にもつく所の壁に、小さな字を一ぱいに書き込んだ短冊型の紙が何枚かぶら下がってゐる。上がって来たものはちょっと立ち止まってそれを読んで行く。自分が見るとそれは来館者同士がおたがひに問題を提出し合ったり、解答し合ったりしてゐるのだった。（略）みな真剣になってゐる。さうして着々と自分の道を歩んでいる。さういふ感じを自分は受けた。[35]

図書館の閲覧室はまったく受験生に占領されてしまい、あたかも受験のための道場のような観を呈するようになっている。

では、図書館の側はこの状況をどう認識していたのだろうか。当時の日比谷図書館主事だった守屋恒三郎は、「中学世界」に次のような記事を寄せている。

受験学生は全然学校系統の軌道を外れてゐるものではない、唯だ一時だけ外れたものであつて、恰も汽車電車の乗換をする場合に一時下車する旅客の如きものであらうと思ふ。併し学生の乗換へんとする列車の室が狭いため、止むを得ず選抜試験が必要になる。さうなれば学生も、下車中安閑として暮らすわけに行かないので、いろいろな手段方法を考へて、戦闘準備をせなくてはならぬやうになる。而して図書館が、此等の学生の為にも、真に好箇の準備場所として役立つものであることは、余は信じて疑はぬのである。（略）単に予備校のみにて学習するだけにては、受験準備が果して如何なる程度にまで確実になされつゝあるかゞ不明である。斯かる懸念を判断せんが為には、幸ひ受験準備用の各種の書物があり、又、学校の問題集など、其等各種参考書籍を有する図書館を見舞へば、之が要求を充たし得るのみならず、尚ほ予備学校にて学習せざりし部分をも発見して、自己の智識を出来得る限り完全に補綴することが出来ることゝも成り得ると思ふ。(36)

図書館としても、受験生による図書館の利用を認め、むしろ奨励していることがわかる。新聞でも図書館が毎年受験の時期には学生でにぎわうことを風物詩のように報じるようになり、ここに至って受験生、特に入学試験受験生の図書館利用が社会的に定着したといえる。(37)

第四期――一九一九―二五年（大正八―十五年）

高等学校が十二校に増設された一九一九年（大正八年）以降は、全体の入試倍率は、いったん三倍程度まで落ちるが、二三年（大正十二年）以降はまた上昇する。志願者数も一九年（大正八年）以後また急激に増加している。高等学校の増設は、入試の激化を緩和するどころか、むしろ新たな進学の需要を生み、入学試験そのものが社会問題化するほどになった。この頃の進学ガイドブックは、「帝都の遊学者殊に苦学力行の青年が勉学に当つて、利用すべきは図書館である。図書館へ行けば、己の欲する書籍は大抵読むことが出来る。攻学に熱心なる学者、受験に専心なる受験生の多くは皆この図書館を利用している。編者の愚見を以てすれば御座なりの学校生活よりもこの図書館通いのほうが遥に実力を養ひ得るものと信ずる」[38]と、受験生の図書館利用を積極的に勧めている。しかし、入学試験志願者の急増に伴って図書館の利用者も確実に増加していて、次の新聞記事のように、開館と同時に学生で満員になるということが頻繁に起きるようになる。

この頃みじめな図書館地獄　新学期を前にして苦しい勉強をしに行く人を拒む　開館と同時に満員になる（略）新学期が迫って受験準備に追われている青年男女は争って図書館へ押しかけるので上野の帝国図書館、日比谷図書館其他大小の図書館は早朝開館と同時に全部満員、その上に門前黒山で、少し遅れた者は数時間若しくは一日中待たされても入り切れず、空しく帰る人が実に夥しい。「昨日は一日図書館をかけ巡っても何処も満員で入れず今日もまた待たされる、どうかしてください」と涙を流して館員に迫るのもあり果ては喧嘩腰になるのもある。[39]

そして、ついに図書館のほうから、このような「学生に占領された図書館」の状態を危惧する声があがるようになる。一九一四年（大正三年）当時、佐賀図書館副館長だった伊東平蔵は、講演のなかで「現下幾多の図書館は学生及び学事に身を委する者の殆と専有物となりて社会全体よりは兎角閑却せられ、之を利用せんとする者の未だ甚だ寡き感が致します。誠に遺憾なる事にして、図書館の以て独り学校教育の補助機関たるのみならず、進で社会教育の一大要具、各個人の参考の府たらしめんことを希望して止まぬ次第であります[40]」と危機感を募らせている。また、二〇年代後半になるとすぐ「図書館雑誌」にも、図書館が学生のために占領されている状況を改善すべきだという論が出てくる。

公共図書館の大多数の閲覧者は学生、生徒であり、彼等の為に所謂公民は利用しやうにも席が得られない状況に在るといふことをよく聞く。又大人の利用者中には騒々しい年少学生の間に伍して閲覧することを極度に嫌ふ程の人達も少なくない。これ亦無理からぬ点である。かくして公共図書館の座席は、毎度学生、生徒の為に占領されてしまひ、所謂公民諸君は日々図書館から遠ざかっていくような傾向にあるのではなからうか。かくて吾人はもはや公民教育の中心だと威張るわけに行かない。こゝに於いて吾人の目標とする公民諸君の為に何等かの手段方法が必要となりはすまいか[41]。

ここに至って、図書館側も以前のように受験勉強を奨励するばかりでなく、その被害の面にも目を向けなければならないほど、図書館での受験勉強が広くおこなわれるようになった。

勉強空間としての図書館の成立時期

以上のようにみれば、第一期(一八八六—九四年〔明治十九—二十七年〕)と第二期(一八九五—一九〇五年〔明治二十八—三十八年〕)については、進学受験生の数が比較的少なく、図書館に集まる学生も職業資格試験の受験生が主だったといえる。図書館には、個人では入手できないような法律書や医学書などの専門図書があり、それを読むために、最初は資格試験の受験生が図書館を利用していた。

しかし、就学率が上がって中学の卒業者が増えてくると、高等学校や専門学校への進学のほうが広くめざされるようになる。第三期（一九〇六―一八年〔明治三十九年―大正七年〕）になり、医師や弁護士についても試験任用から学歴任用への切り替えが進んでくると、図書館での独学が、それだけでは就職や立身に結び付かなくなり、学歴のバイパスや学校教育の代替にはならなくなる。図書館を次の教育段階へのステップの際に利用するところ、あるいは学校教育を補完する施設とする見方が強まって、図書館の側も受験を含めた学校教育に伴う勉強のための図書と空間を積極的に提供するようになる。

一九〇八年（明治四十一年）の、田中稲城の「普通図書館と普通教育の効果　附試験制度(42)」は、その転換期にあって、それまでの独学全盛期の理想型を述べたものといえるが、田中の「夢想」のように図書館に講義や試験を付加したところで、学歴社会化の進展のなかでは、もはや図書館での独学は「立身出世」の道としては社会的な効果を失っていたといえるだろう。

そして、第四期（一九一九―二五年〔大正八―十五年〕）になり、受験の専門雑誌や予備校などの受験産業も盛んになって、高等学校や専門学校への進学をめざす「受験生」という存在が一般的になった頃には、受験生が自宅の喧騒を避けて図書館で自習するという風潮が、図書館の普及とともに全国的にも広まっていった。

このことからすれば、図書館での受験勉強が定着した時期は、第三期にあたる一九〇〇年前後から一〇年頃（明治三十年代から四十年代）にかけての頃だったと考えられる。職業資格試験の受験勉強の延長として入学試験のための受験勉強が帝国図書館や日比谷図書館などでおこなわれるようになっていたために、この頃に全国的に急増した中学生や受験生から、地方の図書館と名が付く施設も、受験勉強ができる場所としてあらためて発見された。それが〇七年（明治四十年）頃のことだったのではないだろうか。

一八六〇年代から一九二〇年代半ば（明治・大正期）を通じて受験生の多くが東京に集まってきたのは、高等教育機関が首都に集中していて、受験のための施設も東京でなければ整っていなかったからである。高等学校の受験生の多くは、三月に地方の中学校を卒業すると上京し、七月の入学試験までの約三カ月間、受験勉強に専念する。

この頃、図書館のほかに、受験のための施設として確立されてきたものに「予備校」と「参考書」がある。一九〇〇年前後（明治三十年代）は入学試験準備のための予備校が次々に発足した時期であり、また受験用の有名な参考書が、各学科についてそろった時期でもある。[43]

高等学校の入学試験は選抜方法がたびたび変更されているが、当初は学校別選抜で、科目は国語と漢文と数学と英語は必須、そのほかの科目は各学校が任意に決めて事前に発表していた。[44]多くの学生が苦手としていたのは英語と数学だったようで、この二科目は専門の予備校にも通って勉強するが、そのほかの科目は教科書や参考書を図書館で読んで独学で準備するという場合も多かったようである。[45]「家などに居ると、無駄な事に駄弁つて受験前の貴重な時を空費し勝ちのものである。

夫よりも『君子危きに近よらず』とか、静かな図書館へ行けばどれ丈自分の為になるか分らぬ。予備校の自分の出ない時間なども大いに図書館に入る可しである」[46]というように、受験生は狭い下宿に暮らしながら予備校に通い[47]、空いた時間は図書館で勉強している。一九二〇年前後（大正期）以降の「中学世界」には、朝は四時に起き、一日に十一時間も勉強するなどという日課を書いた合格体験記などをしばしば掲載[48]しているが、そのような受験の風景に登場するもののひとつとして図書館も存在していたといえるだろう。

そして、わが国の公共図書館は、そのあとも一九七〇年代まで、このような受験のための勉強空間としての性格を持ちつづけることになる。天野郁夫は、小学校から大学まで、すべての段階の学校が一斉につくられたという特殊な事情のもと、はじめは学校教育全体が未発達だったことから、やむをえない措置として始まった入学試験という制度が、結局は永続的な制度として根を下ろしてしまったところに、わが国の教育制度の特徴[49]があるとしている。同じ時期に、学校と隣り合うように発達してきた日本の図書館は、この入学試験という制度の影響を大きく受けることによって、勉強空間であり受験道場でもあるという、その独自の性格を形成してきたといえる。

2　閲覧室という勉強空間の誕生

アメリカの図書館建築の特徴と変化

では、受験生のための「勉強空間」として利用されてきた近代日本の図書館には、外国の図書館と比べて、建築物としての設計や施設・設備に何か特徴があるのだろうか。

一八七五年（明治八年）に開館した東京書籍館の建物は、七二年（明治五年）設立の書籍館の頃と同じく湯島聖堂の施設を利用したものだった。杏壇門を入り口とし、大成殿を主に書庫スペースに、周囲の回廊を閲覧室に充てている。(50) その利用規則に「本館吏員ノ外、書函ノ開閉ヲ禁ズ」「登館シテ書籍ヲ求覧シ、或ハ文部卿ノ特示に由テ書籍ヲ借受ヲ得セシムル者ハ、書名及ビ本人ノ姓名・住所ヲ登記シ、之ヲ其掛ニ出シテ書籍ヲ受取スベシ」とあるところからすれば、東京書籍館は、利用者が直接書架の図書を手に取ることができる開架式の図書館ではなく、目録を見て申請したあとに、館員から出納を受ける閉架式の図書館だったことがわかる。また、前述のように、特別に許可した者以外に館外貸し出しはおこなっておらず、基本的に館内利用だけだった。

東京書籍館はその後上野に移転し、一八九七年（明治三十年）に帝国図書館となるが、その当時の帝国図書館の建物も閉架式・館内閲覧を前提とし、書庫と閲覧室が出納台を隔てて完全に分離した設計になっていて、その後も日本では同様の図書館建築が続く。

一方、同時期のアメリカでは、一八七九年にマサチューセッツ州ポータケット（ロードアイランド州ポータケット市）の図書館が開架式を採用して以後、十九世紀末までに開架式が全国に広まり、図書館の建物もそれに合わせて変化している。アメリカの図書館学者アーサー・ボストウィックは、開架式と館外貸し出しは、「パブリック・ライブラリーのマグナカルタ（the magna carta of the public library）である[51]」としているが、アメリカでは、すべての市民に機会の均等を保障すべきだという民主主義の思想を図書館で具現化するものとして、特に公共図書館で開架式と館外貸し出しが提唱された。

ところが日本では、時代が下っても図書館の開架式は一般化せず、閲覧室と閉架書庫とを分離した形式が継承されている。そして、書庫や閲覧室の相対的な広さやそのほかの施設については、使われ方に時期で違いがみられる。

十九世紀後半のアメリカの図書館は、南北戦争によって蓄財した富裕層からの寄贈で設立されることが一般的だったことから、地元の慈善の産物として、記念碑的な建物になる傾向が強かった[52]。東京書籍館開館の翌年にあたる一八七六年に建設されたマサチューセッツ州ウォバーンのウィン記念公立図書館（図1）は、三層の塔と八角形の博物館、絵画ギャラリーを併設したロマネスク様式の建物で、「建物の長い軸にあわせて博物館、絵画ギャラリー、図書館が、建物の端から端まで堂々とした眺めを持つよう配置[53]」されている。アビゲイル・B・ヴァンスリックは、「そうした部屋の方向と大きさは、建築家と寄贈者が等しく文化遺産や自然遺産の保存と展示に専用の部屋を割り当てたことの重要性を示している。対照的に一般閲覧室は重要性の上で劣るので、建物の長軸と

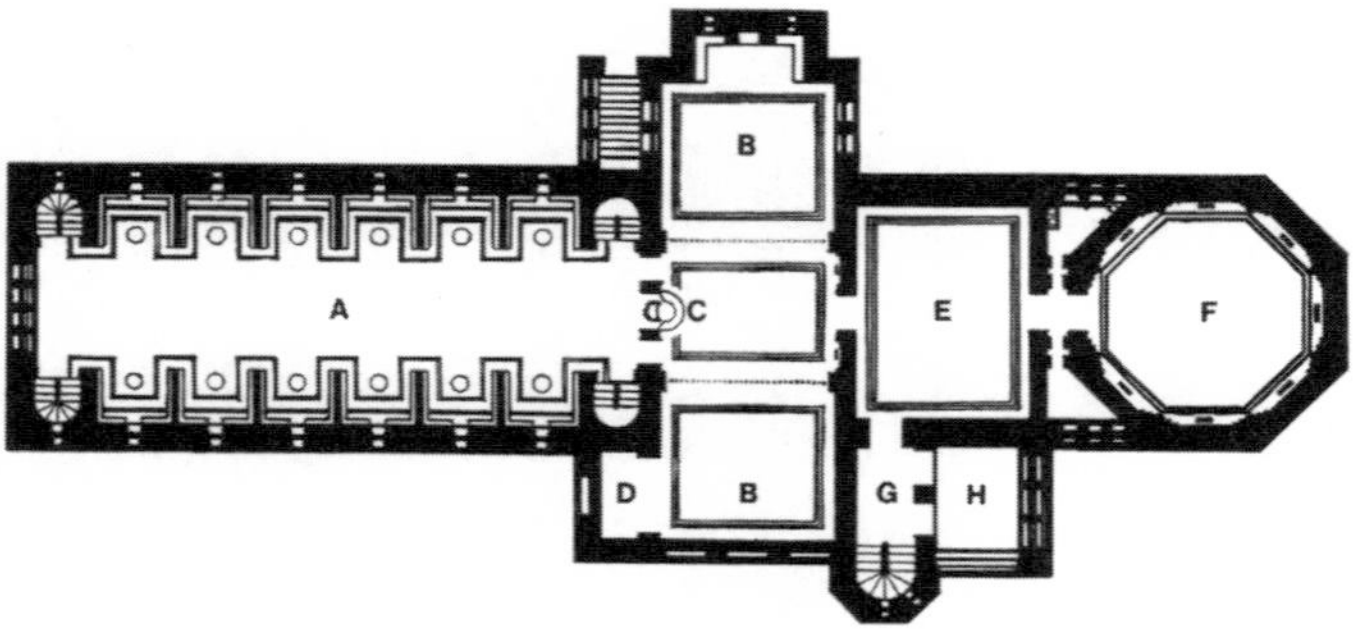

図1　ウィン図書館の1階平面図
A= 図書ホール、B= 閲覧室、C= 図書館員の机、D= アルコーヴ、E= 絵画ギャラリー、F= 博物館、G= 玄関内側ホール、H= ポーチ
（出典：Mariana Griswold Van Rensselaer and Mrs. Schuyler Van Rensselaer, *Henry Hobson Richardson and His Works*, Houghton Mifflin, 1888.）

垂直に交差する軸上に配置された。堂々たる他の部屋とは異なり、アルコーヴや炉辺、低めの天井のせいで、閲覧室はほぼ家庭的な大きさを持つ部屋となった」(54)としているが、一階部分の半分を占める図書ホールには利用者は立ち入ることができず、実際には閉架書庫として運用されているところからすれば、中央の「図書館員の机」が図書出納の受付台として使われていて、その前部分は、建物の中心でもある受付と出納のためのホールスペースだったと考えられる。平面図からみても閲覧室はほかの部屋に比べて重要視されていないことがわかる。

十年後の一八八六年にペンシルベニア州に設立されたアレゲニーシティカーネギー図書館（図2）では、こちらも高い時計塔と音楽堂、講演室、版画室、美術ギャラリーを併設しているが、そのほかにも分類目録作業室や図書館理事会室、館長室などがあり、相対的に閲覧室のスペースは少ない。

ここでも象徴的なのは、閉架式の書庫から図書の出納を受けるための出納室で、閲覧室とほぼ同じほどの広さがあり、出納台を隔てて分類目録作業室と書庫につながっている。

ヴァンスリックは、「アレゲニーシティの出納室は、高い天井と十分な広さを持つ堂々とした部

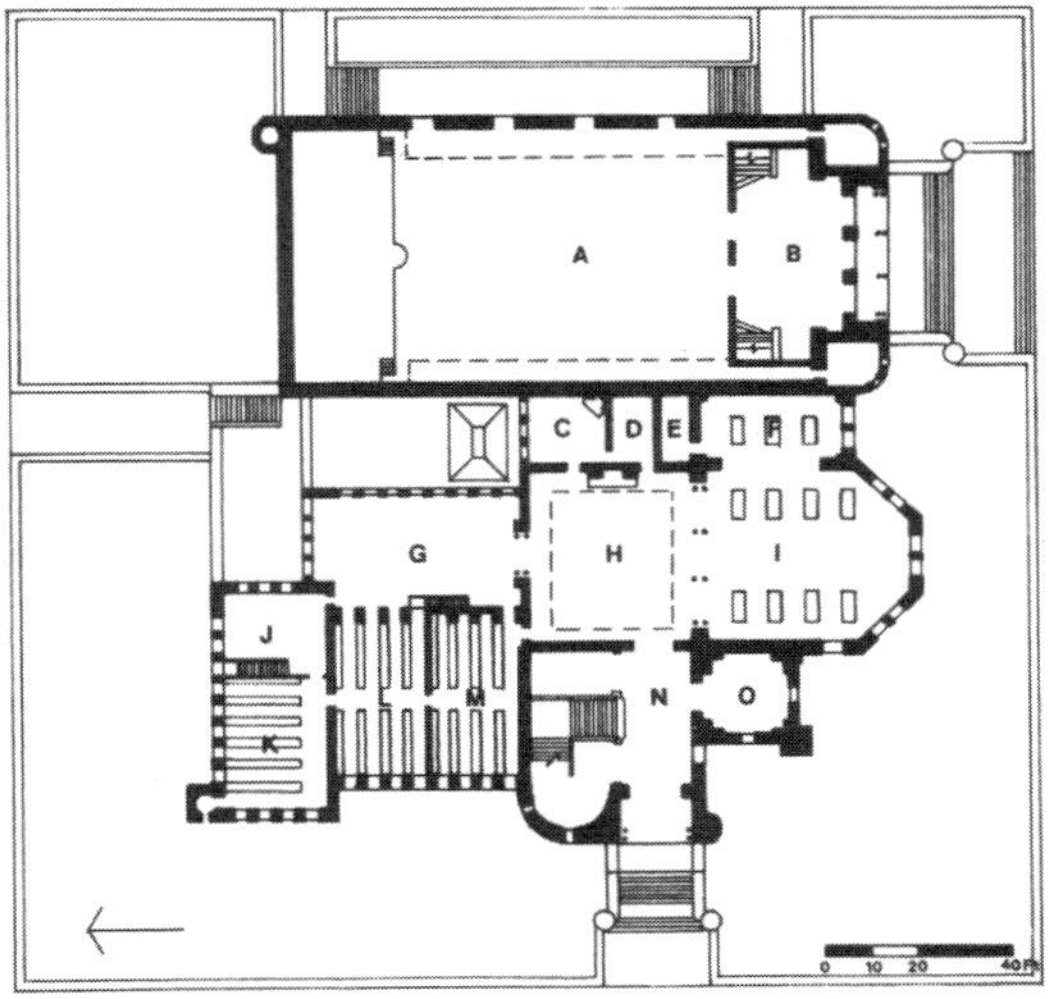

図2　アレゲニーシティのカーネギー図書館1階平面図
A= 音楽室、B= ロビー、C= 図書館長室、D= 男性用トイレ、E= 女性用トイレ、F= 女性用閲覧室、G= 分類・目録作業室、H= 出納室、I= 閲覧室、J= 資料修繕室、K、L、M= 書庫、N= ロビー、O= 図書館理事会室
(出典：*Library Journal*, 18, August, 1893.)

図3　アレゲニーシティカーネギー図書館の出納室
（出典：アビゲイル・A・ヴァンスリック『すべての人に無料の図書館――カーネギー図書館とアメリカ文化：1890-1920年』川崎良孝／吉田右子／佐橋恭子訳、京都大学図書館情報学研究会、2005年、15ページ）

屋であった。（略）各所とも表面が巧妙に装飾されていた。頭上にはステンドグラスの天窓、足元には『カーネギー図書館』（Carnegie Free Library）という文字を取り囲む上品な唐草模様を持つ寄木細工の床、壁にはフリーズのようで行き止まりになっている拱廊があり、二十五人のアメリカの著名人が刻まれていた。（略）炉棚の上には、図書館理事が私費を出し合って寄贈したカーネギーの肖像画があり、図書館利用者が立ち止まってカーネギーの寛大さに思いを馳せるのである」[55]としている。一般市民の来館者については、ここで本を読むことよりも、記念ホールのような華麗な出納室で、寄贈者カーネギーの肖像画を見上げて感謝しながら、図書の貸し出しを受けることとしか前提とされていなかったようである（図3）。同時期（一八八五年）の *Library Journal*（10, September-October, 1885.）に発表されたウィリアム・プールによる小規模図書館の設計図（図4）にも、出納台と出納室はあるものの定期刊行物室・新聞室のほかに閲覧スペースはなく、利用者用の閲覧スペースはあまり重要視されていなかったことがわかる。このように、初期のアメリカの公共図書館は、その町のコミュニティの価値観を表現したものとしてメインストリートに建てられることが多く、[56]それを象徴するのが、建物の中心に位置する充実した出納室（delivery room）だった。このあと、一八九〇年代になると開架式と館外貸し出しが一層広がり始める。「開架制の問題は依然として九〇年代でも白熱した議論が展開されていた。しかし都市部の大規模な図書館は、開架制の実験をする図書館と歩調を合わせ始めた。特に注目すべきはクリーヴランド公立図書館で、九〇年にすべての図書への無制限のアクセ

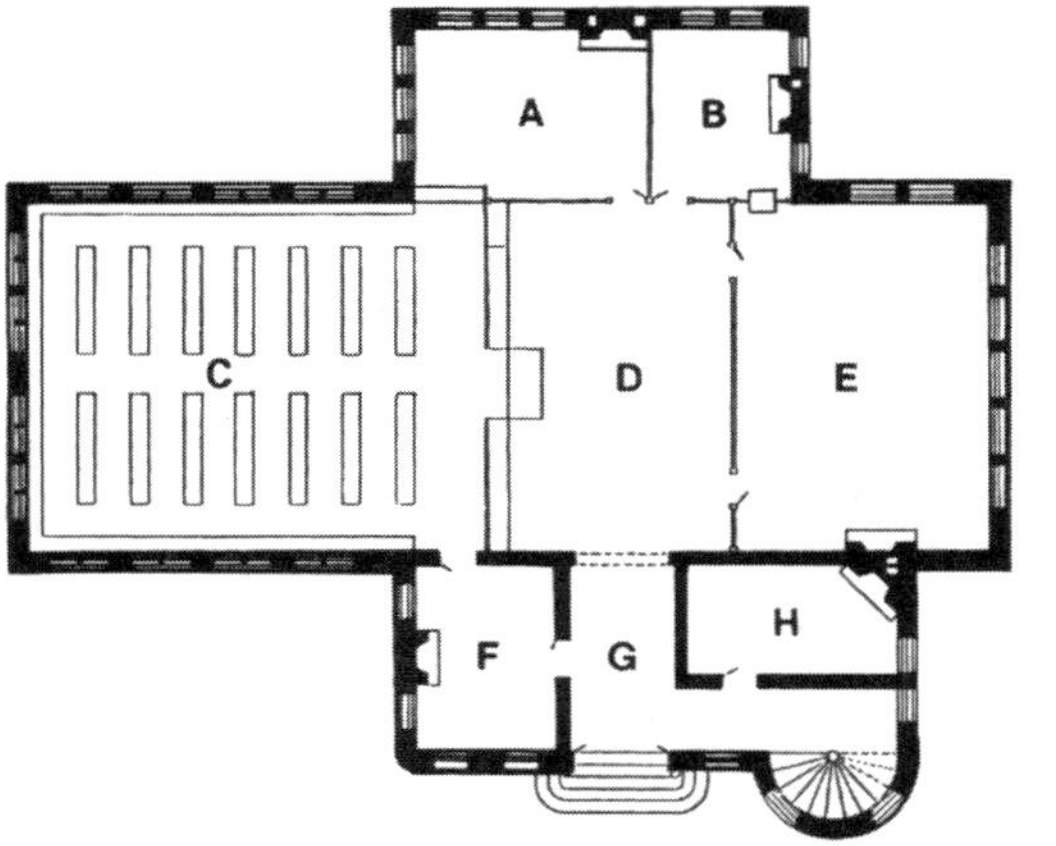

図4　ウィリアム・プールによる小規模図書館の設計図。1885年
A= 参考室、B= 女性参考室、C= 書庫、D= 出納室、E= 定期刊行物・新聞室、F= 図書館理事会室
（出典：*Library Journal*, 10, September-October, 1885）

スをすべての開館時間に提供した[57]」といわれているが、このあとに開架式を前提にして設計された図書館でも、依然として出納室が充実していることがわかる。この時期、女性用閲覧室・参考室のかわりに児童室や定期刊行物室を別室として設ける例が増えてきたことが明らかにされているが[58]、一般的な閲覧・読書スペースと同等以上に貸し出しエリアとしての出納室が重要視されている。ヴァンスリックは、出納室の象徴性とその変化について次のように解釈している。

職員、図書、利用者が厳格に規則正しく相互作用を行う部屋として、出納室は機能的な理由から三つが交わる位置にあった。と同時に、各建物の主軸の中央に出納室を置くことで、出納室に象徴的な重要性を与え、この扱いは公立図書館に適切なものと考えられた。図書館サービスについての新しい基準が、まもなく閉架書庫を時代遅れにしてしまい、出納室は貸出エリアに変化していった。(略)新しい図書館の場合、貸出エリアは二階相当分の天井高でトップライトがあり、貸出エリアが中心に位置する象徴的な重要性を補強していた[59]。

このような変化は、マサチューセッツ州スプリングフィールド公立図書館(図5)やジョージア州アトランタ公立図書館中央館(図6)にもあらわれているが、十九世紀後半以降のアメリカの公共図書館建築では、象徴的空間としての出納室の性格を保持したままで、それが貸し出しエリアに転換されていったことが特徴といえる。

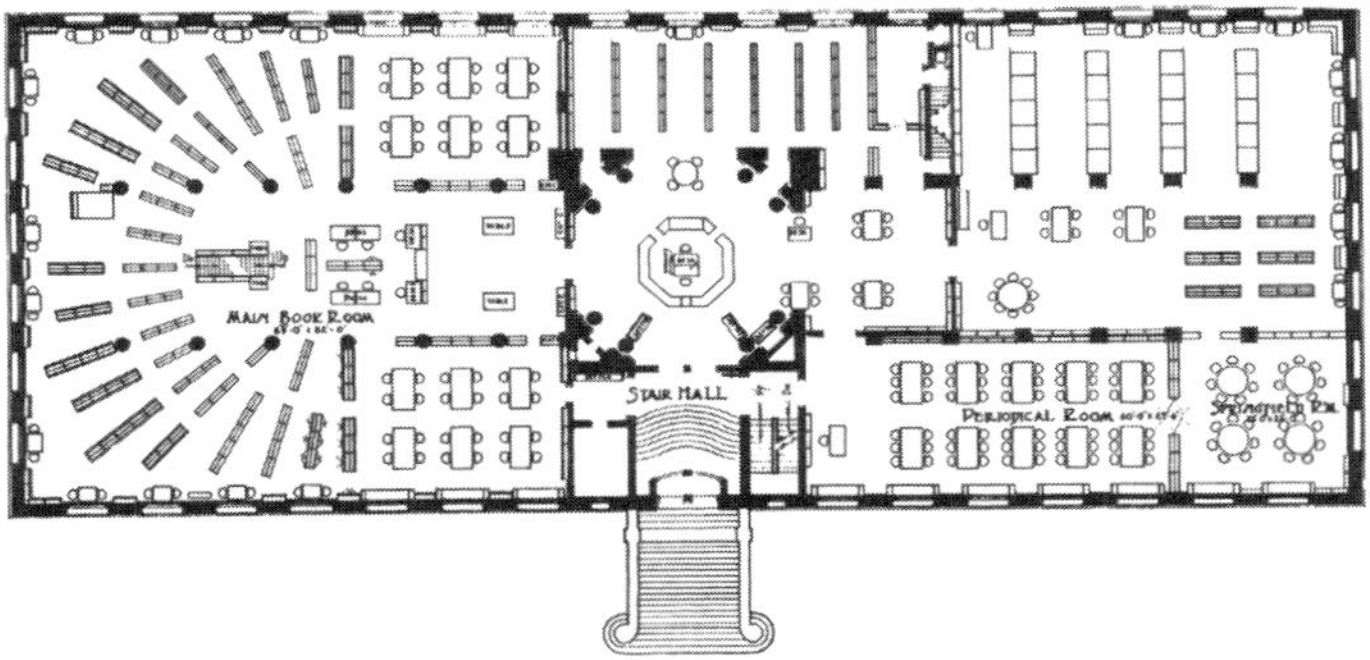

図5　スプリングフィールド公立図書館の1階平面図
（出典：*Library Planning*, jersey city, 1915）

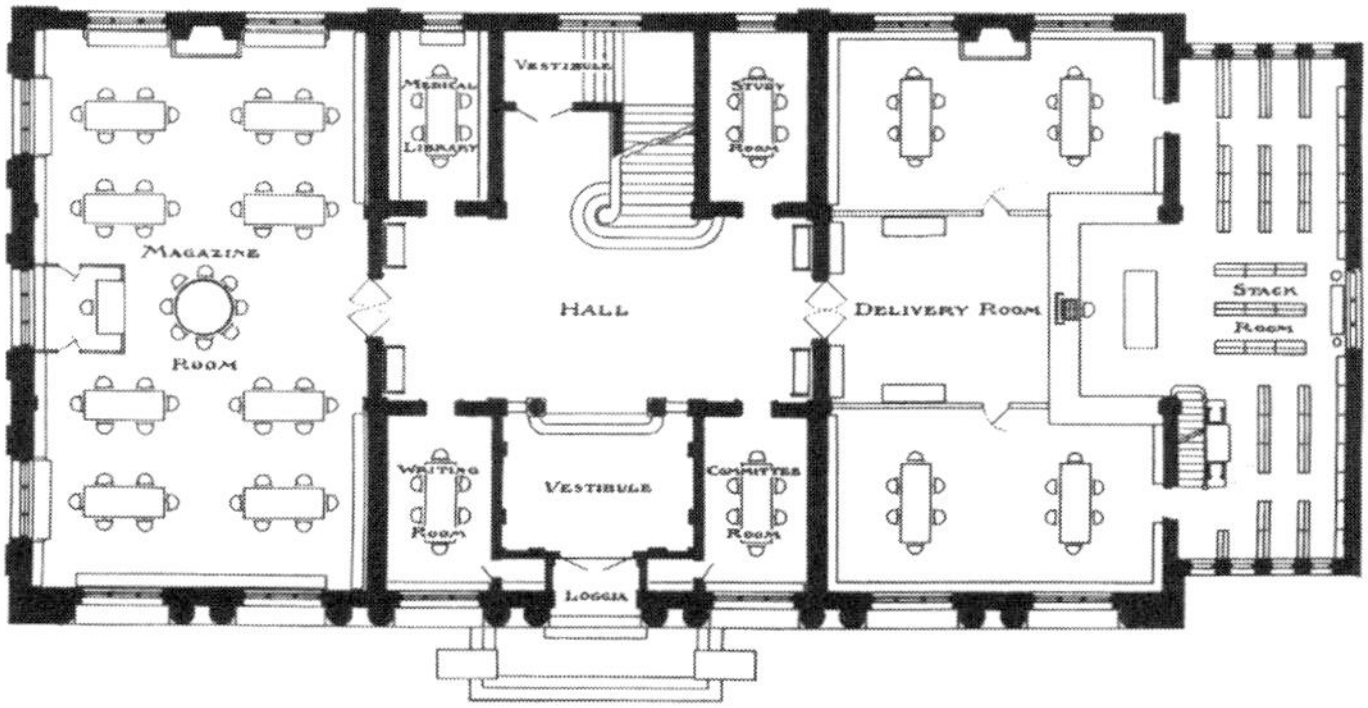

図6　アトランタ公立図書館の中央館の1階平面図
（出典：Theodore Wesley Koch, A Book of Carnegie Libraries）

『図書館管理法』にみる日本の図書館建築の特徴

一方、日本では、建築の仕方も含む図書館設立の手引になるような概説書が一八九〇年前後（明治二十年代）からほぼ十年おきに三種類出版されている。最初は帝国図書館司書官だった西村竹間編の『図書館管理法』（金港堂書籍、一八九二年）、あとの二冊は帝国図書館長だった田中稲城による文部省編の『図書館管理法』初版（金港堂書籍、一九〇〇年）と改訂版（金港堂書籍、一九一二年）である。この三冊とも図書館の建築・設計について欧米での実例を紹介しながら解説しているが、興味深いのは、いずれも閲覧室と書庫についての説明に多くを費やしている点である。

前掲の西村竹間編『図書館管理法』は、「欧米ノ図書館建築ニハ閲覧室ト書庫トヲ分タザルモノト之ヲ分ツモノト二種アレドモ本邦ニテハ之ヲ分チ閲覧室ハ木造トナスモ書庫ハ必ス堅牢ナル煉化石若クハ土蔵造トナスヲ可ナリトス」として、まず欧米と日本との建築材料についての事情の違いから日本に適した設計を説き、「閲覧室ト書庫トヲ分ツトキハ廊下ヲ以テ之ヲ接続スベシ是レ万一閲覧室ニ火ヲ失スレバ直ニ之ヲ破壊シテ書庫ト隔ツルノ便アレバナリ」「閲覧室ハ成ルベク平家建トナスヲ便ナリトスレドモ土地ノ広狭経費ノ多寡ニヨリテハ二階建トナスモ妨ナシ[60]」と、なによりも防火のために書庫と閲覧室を別棟とし、その間を廊下でつなぐことを勧めている。

一九〇〇年（明治三十三年）刊の『図書館管理法』（初版）では、まず「茲ニぷーる氏ノ小図書館建築及其他一二ノ設計ヲ紹介シテ参考ニ供スベシ[61]」と、先にあげたウィリアム・プールによる小規模図書館の設計案（*Library Journal*, 10, 1885.）（図7）を紹介したあと、「右ハ図書館建築法ノ原則ニ従ヒ立案シタル者ニシテ完全ノ設計ナレドモ其建築ハ頗ル巨費ヲ要シ本邦ニテハ其儘之ヲ採用シ難カルベケレバ[62]」として日本の現状に合う建築例をあげる。ここでも「書庫ノミニテモ煉瓦造リ又ハ土蔵造リト為シ閲覧室ハ木造リトスルモ已ムヲ得ザル」「書庫ト閲覧室トノ間ハ区界ヲ明画シ廊下ヲ以テ両者ヲ接続シ書庫ハ火災保険トシ仮令閲覧室ニ万一ノ事アルモ決シテ書庫ニ及ボサシメタルノ結構と為スヲ要ス[63]」と、とにかく書庫だけは火災から守ることを主眼とした設計を勧めている。この論旨は一二年（明治四十五年）刊の『図書館管理法』（改訂版）になっても変わらない[64]。これら

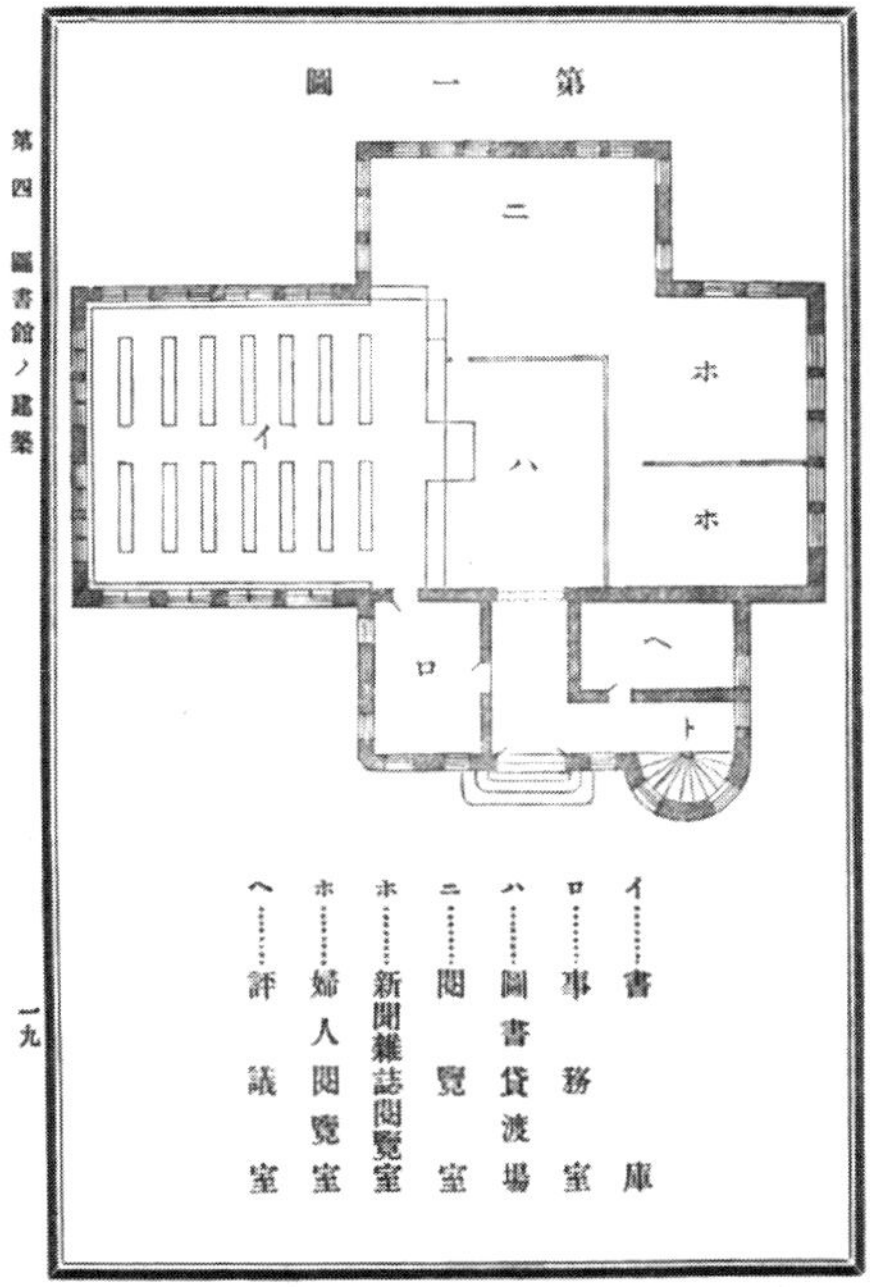

図7　ぷーる氏ノ小図書館建築
（出典：文部省編纂『図書館管理法』金港堂書籍、1900年）

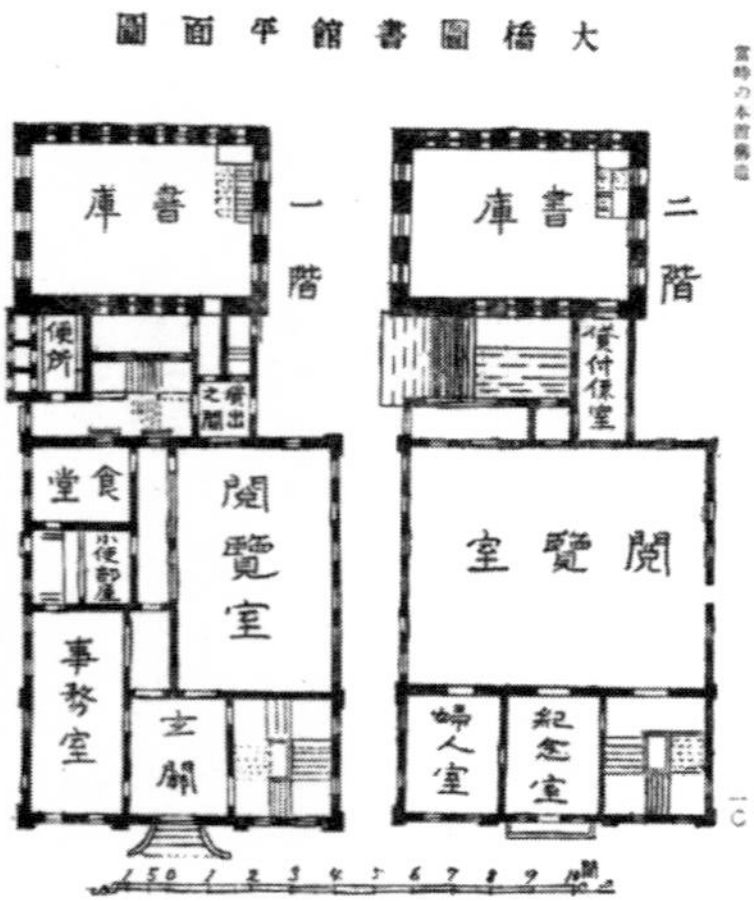

図8　大橋図書館平面図
（出典：坪谷善四郎『大橋図書館四十年史』博文館、1942年）

の『図書館管理法』の設計案に従うならば、建物は閲覧室がある主屋と書庫の二棟を廊下でつないだ構造になって、閉架式であれば、その間の廊下の部分に出納スペースがくることになる。〇二年（明治三十五年）に開館した大橋図書館は実際にこのような設計になっている（図8）が、「貸出之間」と称した出納室は狭小であり、アメリカの"delivery room"とは位置づけが大きく異なっている。大橋図書館と同年に開館した南葵文庫（図9）でも、出納室である「貸出室」は、別棟になっている書庫と閲覧室との間で図書を受け渡しするだけの場所であり、事務スペースや「庫主室」（館長室）とも離れていて、館の中心としての象徴性は付与していない。

大橋図書館の木造二階建の本館と煉瓦三階建の書庫のうち、本館二階部分の大半は閲覧室に充てている。『図書館管理法』（改訂版）でも「敷地ノ都合ニヨリテハ二階建ト為スモ亦可ナリ（略）二階建ノ場合ニハ階上全部ヲ閲覧室トシ階下ニ其他ノ諸室ヲ設クルヲ可トス」[65]と説いているように、日本では、図書館は図書を保管する書庫スペースと、それを読むための閲覧室スペースの二要素で成り立つと認識していたようでもあり、それ以外の諸室、出納室だけでなく、分類目録作業室、事

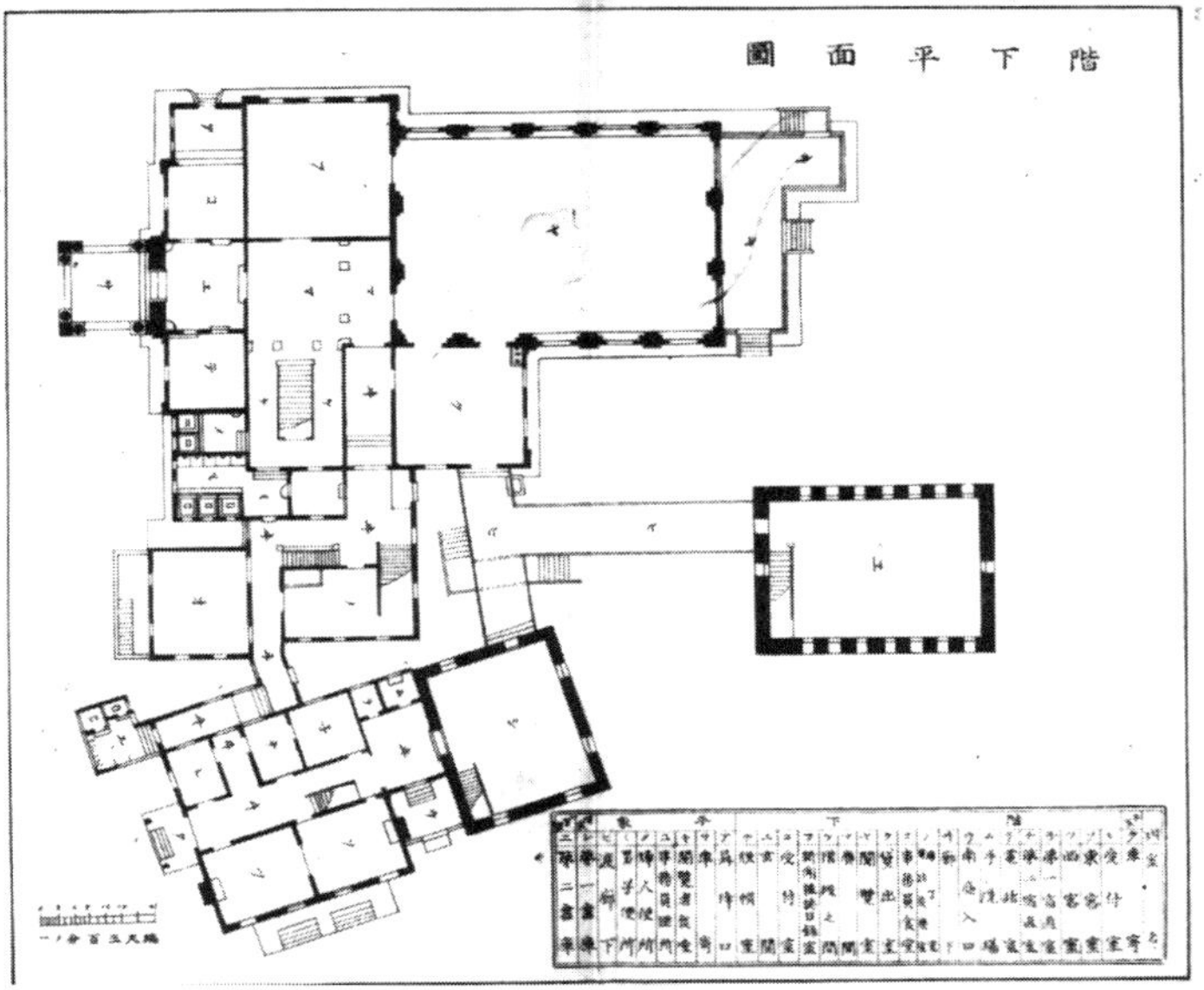

図9　南葵文庫階下平面図
（出典：斎藤勇見彦編『南葵文庫概要』南葵文庫、1913年）

務室、館長室、理事会室などについては、省略しているか、必要最小限の面積に抑えている。

　このことは、一九〇六年（明治三十九年）に部分的に竣工して開館した帝国図書館（図10）が最初に使用し始めたのが、書庫の一部と閲覧室の一部、目録室と応接室だけだったことにもあらわれている。帝国図書館には、当初、国の中央図書館としての壮大な建築計画があり、二九年（昭和四年）と五一年（昭和二十六年）には書庫部分と閲覧室部分の増築もおこなわれたが、結局、最終的に未完成のままで終わった。しかし初期の計画では、主に三層の書庫からなる棟と閲覧室と事務諸室からなる棟をつないだロの字形の設計にな

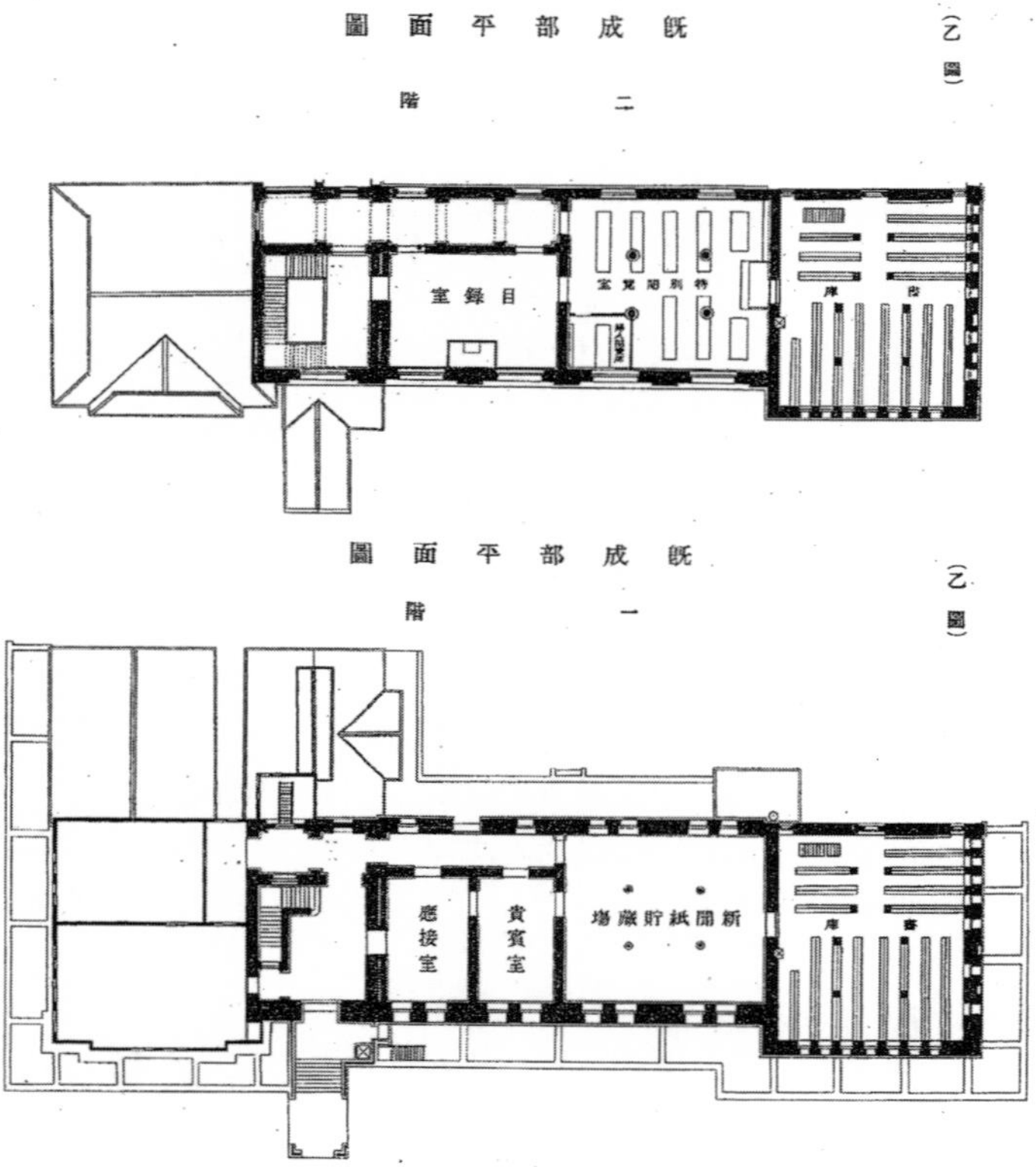

図10　帝国図書館既成部平面図1階：下、2階：上
(出典：『帝国図書館概覧』帝国図書館、1906年)

っていて、一棟の最上階すべてを占める大閲覧室を予定していた（図11）。また、〇四年（明治三十七年）に開館した大阪図書館（図12）も、中央の階段室を中心に四方に棟を接続した構造になっているが、奥の一棟三層分に書庫を集中したうえでほかの棟の最上階をすべて閲覧室とし、そのほかの階も事務スペース以外の部分はすべて閲覧室に充てている。

以上のような閲覧室を重視する傾向は、帝国図書館や大阪図書館などの大図書館だけでなく、一九〇〇年（明治三十三年）刊の『図書館管理法』（初版）に例示された小規模図書館（図13）でも顕著である。全体がほぼ書庫と閲覧室だけで成り立っていて、事務スペースや出納台などのそのほかの施設は書庫や閲覧室の一部をさいて設けている。書庫は、まず防災の点からその位置や建材に関心が寄せられ、それによって占有面積も決まるのに対し、閲覧室は図書館に必須の空間として、平屋か階上か、木造か煉瓦造りかを問わず、できるかぎり広い床面積を確保しようとする意図が感じられる。

東京帝国大学図書館長の和田萬吉は、一九二二年（大正十一年）の『図書館管理法大綱』で閲覧室について次のように述べている。

> 図書館内の公室たる閲覧室は図書館の立場からすると最も心を用ゐるべき部屋であつて、登館者が心を暢べて静に読書し得るやうになつてあらねばならぬ。便利を失はぬことが出来れば、喧噪を避ける為に二階に設けるが可い。館の一般出入口や貸出部など人の来往の繁き処には成るべく近接せぬやうにありたい。（略）採光は充分を望むけれど、心を読書に専にさせるには

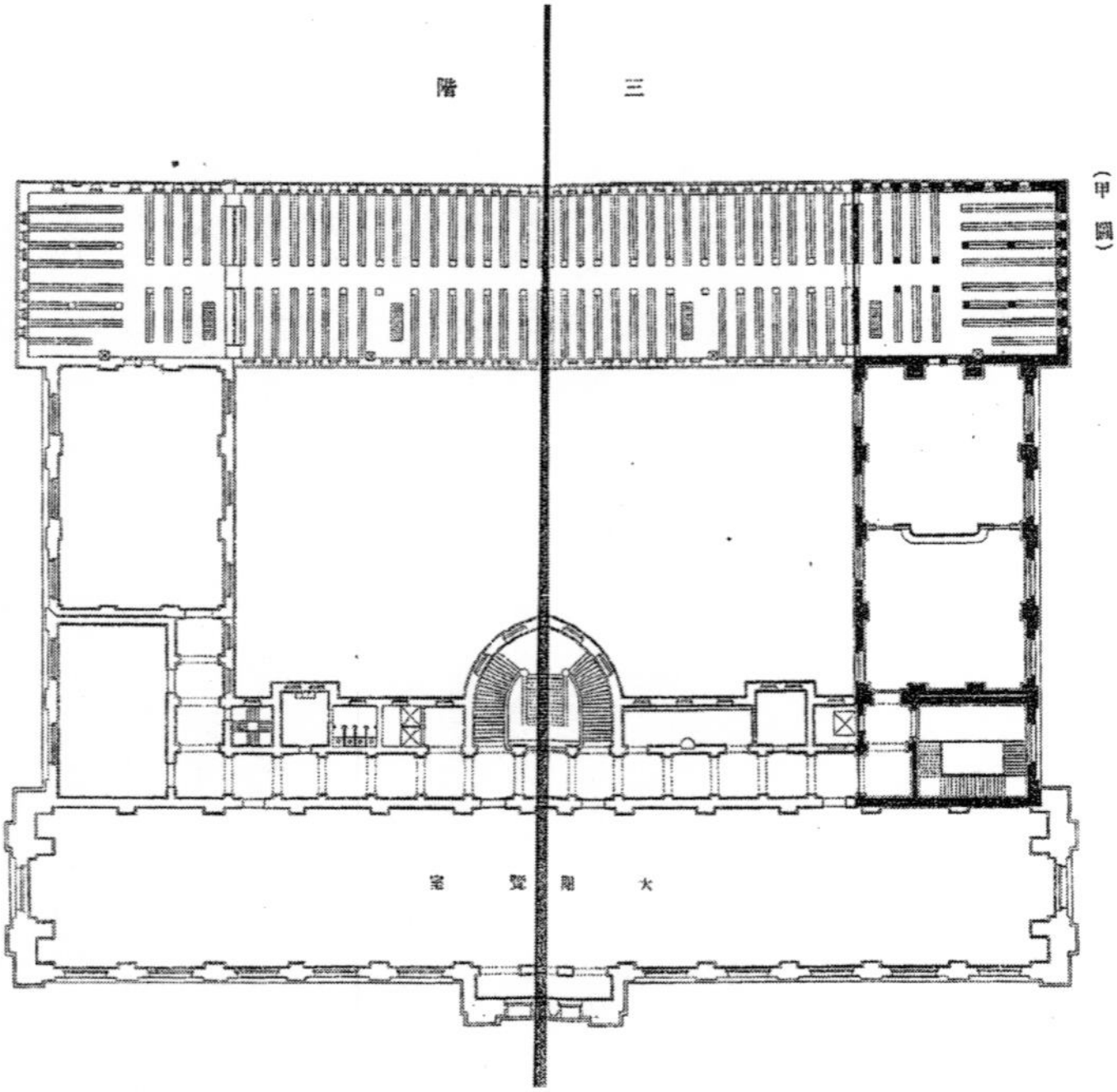

図11　帝国図書館全設計平面図3階
(出典：同書)

過明を嫌ふから、北方から採るやうにしたい[66]。

和田はこれに先立って、大正天皇即位の「御大典」記念事業として図書館設立を勧めるために日本図書館協会が発行した啓蒙書、『図書館小識』を一九一五年（大正四年）に著しているが、そこでも「閲覧室」を「普通及特別閲覧室」「新聞雑誌閲覧室」「児童閲覧室」「婦人閲覧室」「目録室」の五種に分類して詳しく解説していて、あわせて図書館の設計上の要点として「閲覧室及事務室は

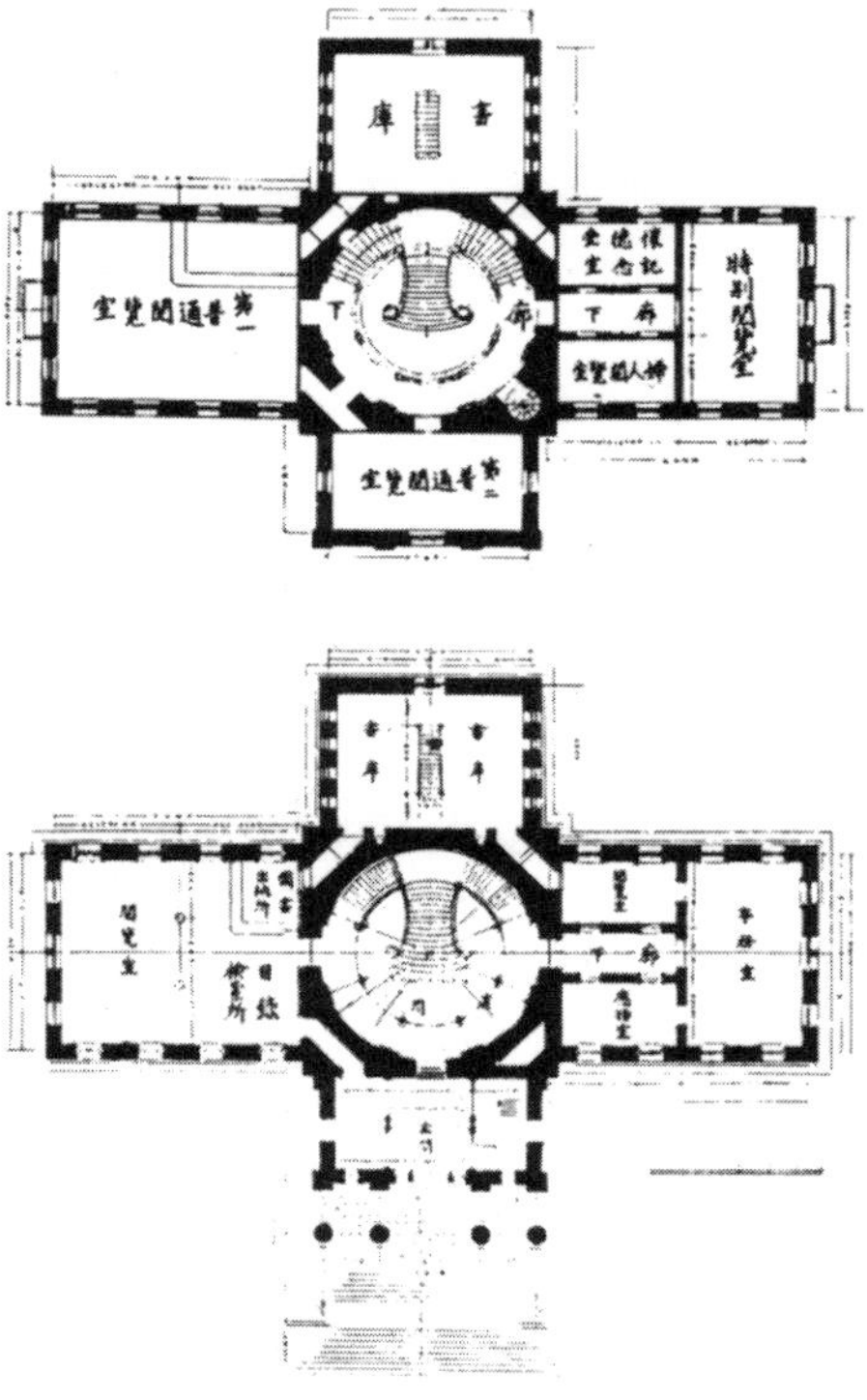

図12　大阪図書館1階平面図：下、2階平面図：上
（出典：鈴木博之／初田亨編『図面でみる都市建築の明治』柏書房、1990年、183ページ）

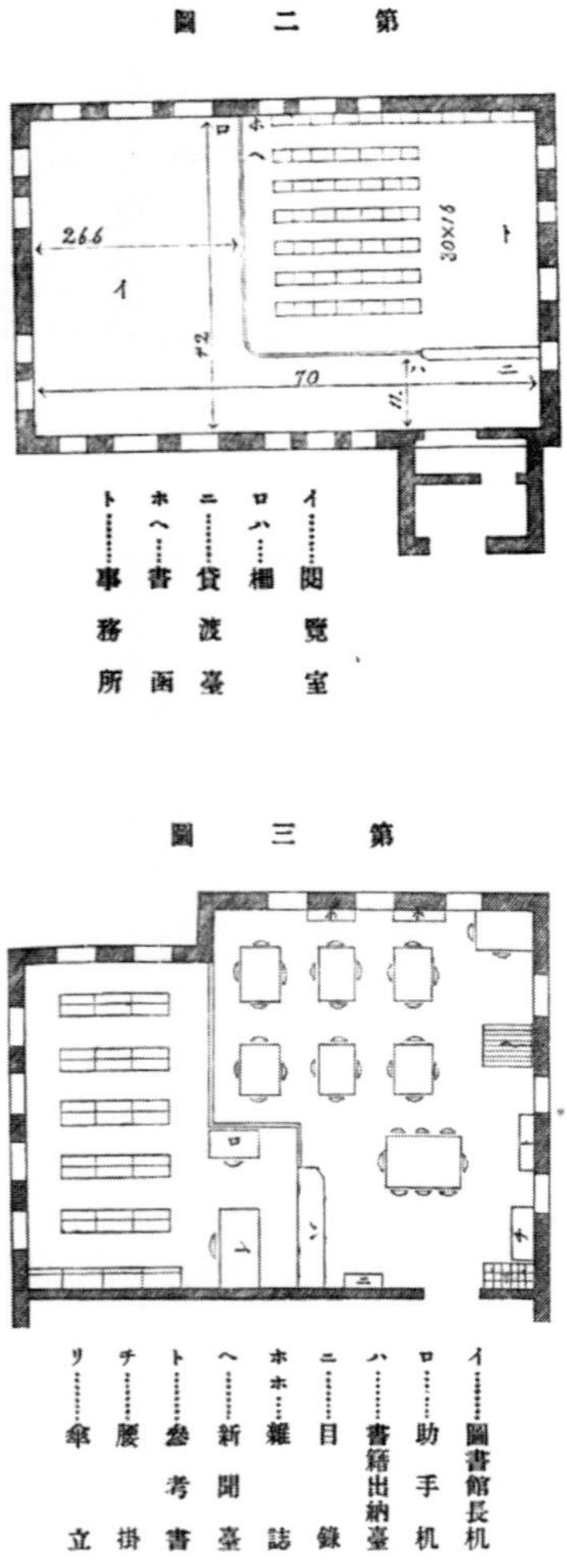

図13　小規模図書館第2図・第3図
（出典：前掲『図書館管理法』）

成るべく手広く取るべし」「閲覧室は成るべく最少の監視員にて監督し得るやう注意して設計すべし」と閲覧室の充実を説いている。(67)

一九二〇年前後（大正期）になると、「日露戦役記念」「教育勅語記念」「御大典記念」など国家的慶事にちなんだ図書館設立が各地で続き、また〇〇年頃（明治末期）以降の地方改良運動の影響もあって、図書館数や入館者数が急増する。一九年（大正八年）には、全国の図書館数は千五百館を超え、入館者の総数も一千万人を超えている。『図書館管理法大綱』が出された二一年（大正十一年）当時は、数字のうえでは、戦前の日本の図書館の最盛期といえる時期だった。

一九〇八年（明治四十一年）に開館すると同時に帝国図書館や大橋図書館と並んで多くの入館者

が集まった東京市立日比谷図書館（図14）は、開館当初から二階部分のほぼ全面を閲覧室として設計していた。深川図書館（図15）をはじめとする、日比谷図書館以後に順次開館した東京市立の図

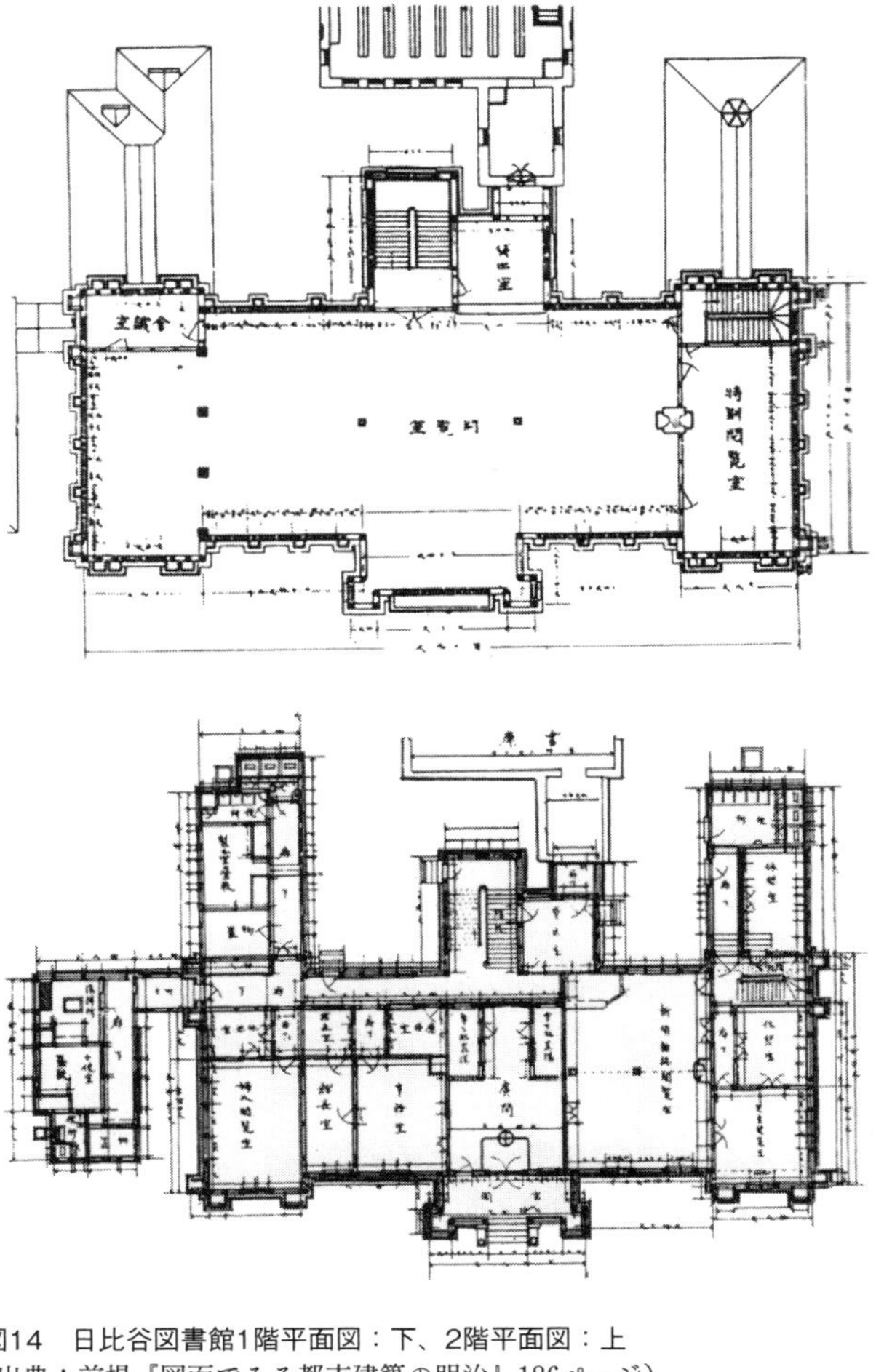

図14　日比谷図書館1階平面図：下、2階平面図：上
（出典：前掲『図面でみる都市建築の明治』186ページ）

書館は、限られた床面積のなかでどこも閲覧室に最大のスペースをさいている（図16）。帝国図書館の年間入館者数が二十万人を超えた〇七年（明治四十年）頃をひとつの画期とすれば、それ以後に設立された図書館は、規模の大小にかかわらず、相当の入館者・館内閲覧者数を見込んで、それに対応できるような閲覧室を優先して設計したと考えることができる。

閲覧室という勉強空間の誕生

江戸期の文庫の建物をみると、その主体はあくまでも図書を収蔵した書庫部分であり、その付属施設として、本を読むためのスペースが設けられるのが一般的だった（図17）。先にあげた東京書籍館も、建物が聖堂の大成殿であり、幕府の昌平坂学問所の施設でもあったところから、書庫である大成殿に続く観書室が付属していた（図18）。

小野則秋は文庫の建築様式の発達について、湿気を除くための校倉造りに始まり、平安後期以後は、火災に備えるために土蔵造りも併用され、周囲に水溝をめぐらせていたことを明らかにしている。江戸期以降は土蔵瓦葺きの様式が一般的になり、平常は火災に備えて外扉の目塗土なども用意されていた。火災を避けることを主眼にしたため文庫の窓はきわめて少なかった(68)。

近世の文庫に対する概念が明治期の図書館観の基本になったとすれば、『図書館管理法』で、図書館の諸施設のなかで書庫とそれに付属するものとしての閲覧室に特に関心が集まったのは自然なことだったといえる。図書館（文庫）で最も重要な施設は書庫であり、貴重な図書を火災から守ることが建築の要点である。そして、それが満たされたならば、次に書庫の付属施設として図書を読

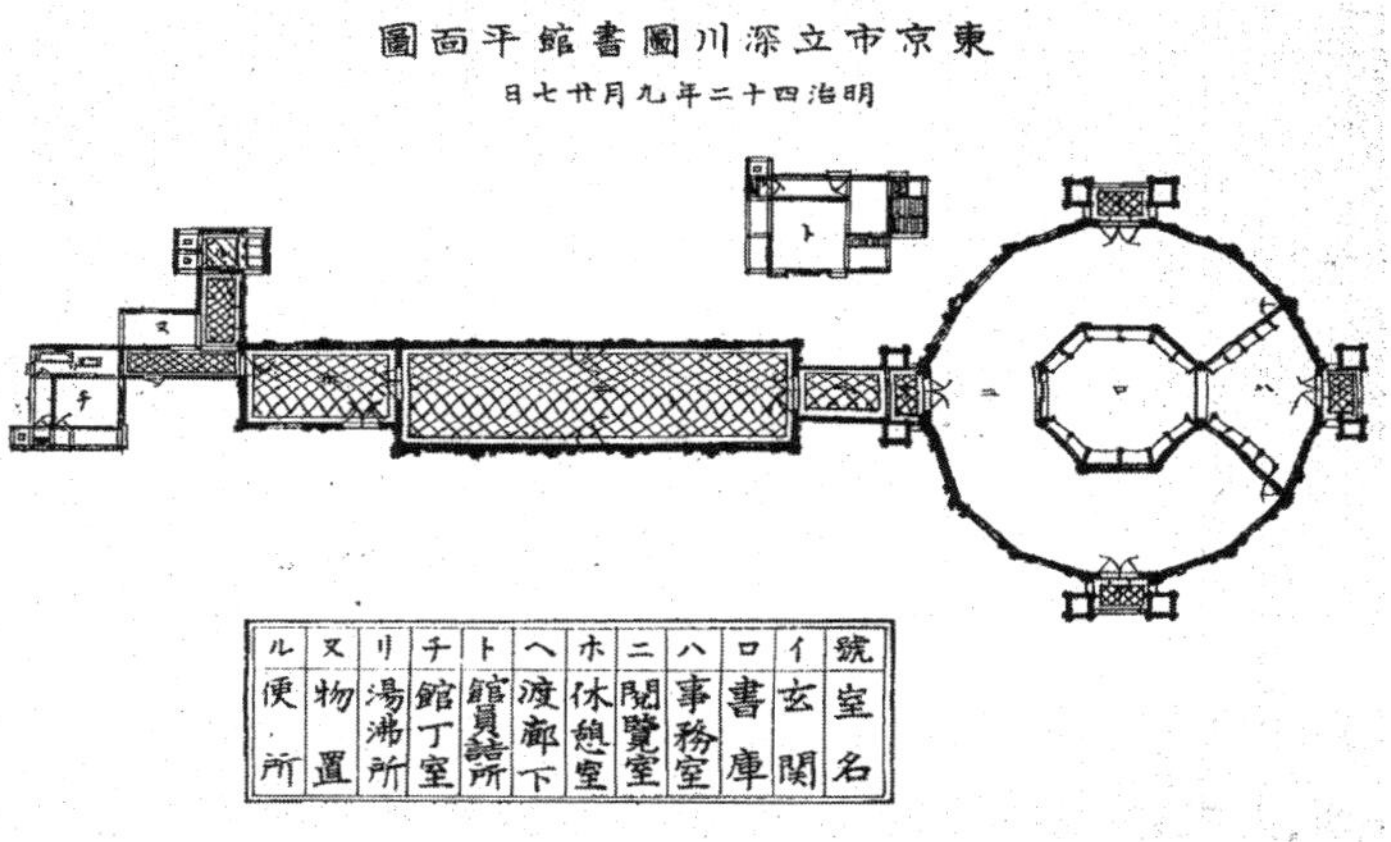

図15　東京市立深川図書館平面図
（出典：東京市立深川図書館編『東京市立深川図書館一覧』第1年報、東京市立深川図書館、1910年）

図16　東京市立麻布図書館平面図
（出典：『市立図書館と共事業』日比谷図書館、1915年）

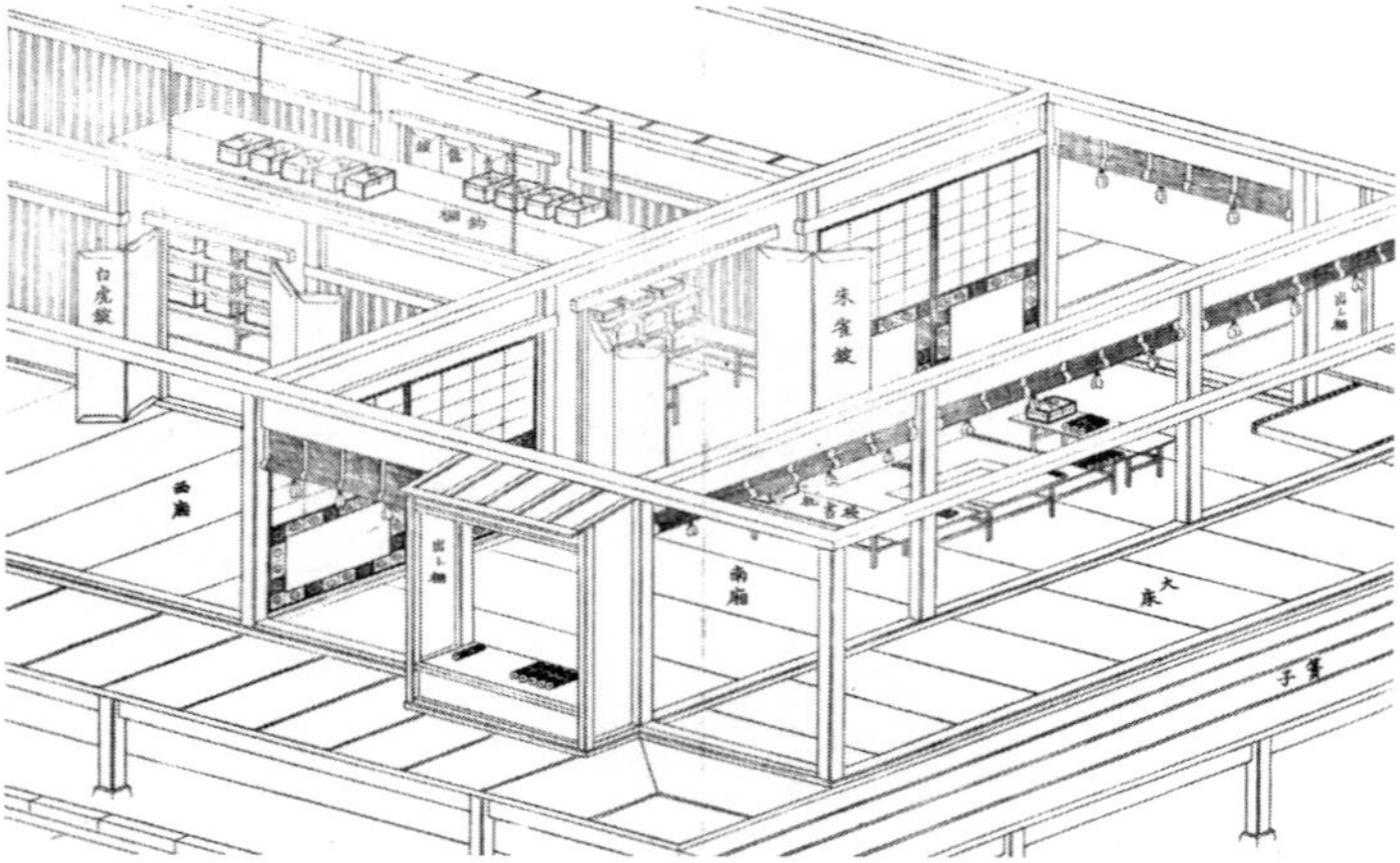

図17　菅家紅梅殿指図
（出典：博物館『博物館図画并書籍館借覧規則等』博物館）

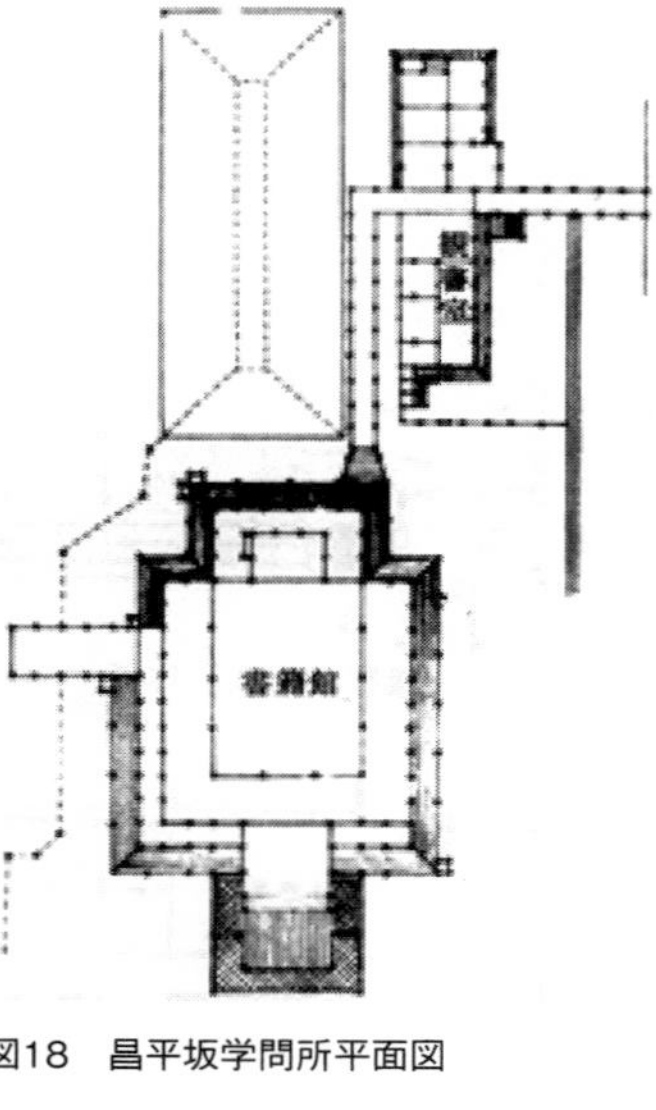

図18　昌平坂学問所平面図

むための場所を確保する必要があり、書庫と閲覧スペースが整備されていれば、図書館（文庫・書籍館）とみなすことができる。このような感覚が、明治期の図書館についても一般的だったのではないだろうか。火災に備える目的もあって書庫と閲覧室を分離していたところから自然と閉架式の運用になって、アメリカでの出納室（delivery room）の象徴性も、そのあとの館外貸し出しへの転換も日本では受容されなかった。

一八六〇年代から一九二〇年代半ば（明治・大正期）の図書館を紹介する写真には閲覧室を示したものが多いが（図19）、図書館に対する政治的評価が定まり、図書館数と入館者数が急増した〇五年前後（明治三十年代後半）以降は、閉架式と館内閲覧も定着して、図書館とは書棚から本を探すところではなく、閲覧室の席に座って静粛に本を読むところだという認識が全国的に広まったと考えられる。アメリカのように、地元の記念碑的な建物として博物館や美術ギャラリー、音楽ホールなどを併設する発想がなく、また、寄贈者の顕彰のための空間や図書館理事会や館長のための諸室を設ける必要がないとすれば、書庫以外の施設で充実されなければならないのは、増える入館者に対応するための閲覧室になる。

図書館ではなく文庫だった頃から書庫の本を閲覧するためのスペースを設けることはおこなわれていたが、図書館に必須な施設として特に閲覧室が認識されるようになったのは、日常的な入館者数がある程度一定以上になってからのことだろう。

このように、都市のなかのあらたな公共空間として図書館の閲覧室が意識的に設けられたのは、日露戦争後に進められた庶民教化事業のなかの「通俗図書館」として一九〇八年（明治四十一年）

に開館した東京市立日比谷図書館が最初といえるのではないだろうか。

近代日本の図書館を象徴するものとして、見ず知らずの者が机を並べて読書する広大な「閲覧室」という空間が形成されたのは、一九〇五年前後（明治三十年代後半）以降の図書館利用者の急増の影響であることは確かだろう。しかし、それだけでなく、図書館を設立する側にも、アメリカの公共図書館の影響を受けながらもそれを完全にまねたものではない、近世の文庫の概念を継承した図書館観があり、それが建築物として表現されたからではないかと思われる。

広大な「閲覧室」は、近代日本の図書館を象徴する都市空間だったのである。

図19　大橋図書館男子特別閲覧室
（出典：前掲『大橋図書館四十年史』）

注
（1）徳冨蘆花『思ひ出の記』民友社、一九〇九年
（2）前掲『近代東京の私立中学校』二一ページ

（3）前掲「頴才新誌」一八七八年二月二十三日号
（4）阿部重孝「中学校教育の進歩に関する研究」『阿部重孝著作集』第四巻、日本図書センター、一九八三年
（5）内田糺『明治期学制改革の研究――井上毅文相期を中心として』内田糺、一九六八年、二三五ページ
（6）前掲『東京遊学案内』
（7）前掲「中学校教育の進歩に関する研究」
（8）前掲『立志・苦学・出世』六四―六六ページ
（9）文部省令第二十四号「尋常中学校入学規程」一八九四年九月二十九日
「第三条　尋常中学校第一年級ノ入学試験ハ高等小学校第二年ノ課程ヲ卒リタル者ニ対シテハ読書、作文、習字、算術ニ就キ其他ノ志願者ニ対シテハ尚日本歴史、日本地理ヲ加ヘ高等小学校第二年卒業ノ程度ニ依リ之ヲ行フヘシ」
（10）前掲「『たけくらべ』の作者」
（11）厚生省医務局編『医制八十年史』大蔵省印刷局朝陽会、一九五五年、巻末付表
（12）同書
（13）『日本帝国文部省第三十二年報』（復刻版）、宣文堂出版部、一九六九年、九三―九四ページ
（14）奥平昌洪「代言人試験成績略表」『日本弁護士史』巌南堂書店、一九一四年、一三七一―一三七二ページ
（15）一八七四年（明治七年）の太政官達第二十五号で、省使府県で刊行した図書は書籍館に差し出すことを定めた。

(16) 前掲『東京苦学案内』三五ページ
(17)「両院に於ける三建議案」「教育時論」一八九六年二月二十五日号、開発社
(18)「市立図書館の必要」「横浜新報」一九〇二年一月二十二日付
(19)「図書館設立の方法」「長野日日新聞」一九〇二年四月二十九日付
(20) 前掲「図書館談(八)」
(21)「諸学校入学研究」「中学世界」第九巻第四号、博文館、一九〇六年
(22)「晩秋の東京日比谷図書館」「東洋新報」一九〇九年十一月十八日付
(23)「図書館の昨今」「報知新聞」一九〇七年十月一日付
(24) 前掲「上野図書館のぞき」
(25) 井上友一『救済制度要義』博文館、一九〇九年、四五一ページ
(26)「続稿神戸町図書館」「勢州毎日新聞」一九〇七年四月二日付
(27) 前掲「上野図書館のぞき」一二三ページほか
(28) 田中稲城「普通図書館と普通教育の効果 附試験制度」「図書館雑誌」一九〇八年二月号、日本文庫協会、七ページ
(29) 水楊楼主人「読書家研究」「毎日電報」一九〇九年五月十日付
(30) 前掲『立身出世主義』一九〇ページ
(31) 前掲『立志・苦学・出世』八二ページ
(32) 一受験生「第一高等学校受験実記」「中学世界」第十八巻第十二号、博文館、一九一五年、三二ページ
(33) 八鐵子「一高受験案内」「中学世界」第十巻第三号、博文館、一九〇七年、一一二ページ

(34) 北大予科玄人生「北海道帝大の予科に就いて＝附入学試験準備」「中学世界」第二十三巻第七号、博文館、一九二〇年、五九ページ
(35) 島木健作「礎」一九一九年、『島木健作全集』第十巻、国書刊行会、二〇〇三年
(36) 守屋恆三郎「受験生の図書館利用法」「中学世界」第十六巻第四号、博文館、一九一三年、一五四―一六三ページ
(37)「昨今の図書館」「東京朝日新聞」一九〇九年八月（日付不明）
「昨今の帝国図書館を覗いて見ると（略）図書館に最も入場者の多いのは毎年六月で（略）六月といふ月は各学校の試験期であるから学生連に読書の必要が起るからである」
「万朝報」一九〇九年十月六日付
「図書館の近況　今これら閲覧者の種類を分類すれば、九部通りは学生である。今ま仮りに大橋図書館に於ける九月の閲覧者総計六千四百六十七人を種別すれば、学生四千十三人、官吏百五十四人、軍人九十四人、実業家三百十九人、其他雑千六百五十二人である」
「読売新聞」一九一五年四月二日付
「新学期に入りました。学生達は又一心不乱に勉強にとりかかります、殆んど之等の人々のみを以ってお得意としてゐる観のある図書館婦人室の今日此頃の景現如何と記者は先づ日比谷図書館にまゐりました」
「満員客止めの図書館 試験前の混雑」「中外商業新報」一九一七年三月十三日付
「学生連の今頃は総決算期たる卒業試験や各専門学校の入学期が切迫したので丁度七面鳥やリドマス試験紙の反応見たやうに顔色を蒼くしたり赤くしたり頗る閉口する時である。それに付けても彼らが鵜の目鷹の目良い参考書を渉猟して試験に登第しやうとする慾は宛然時節柄の選挙戦其儘（略）受験

者らしいのは多く英語の辞書と数学書類に限られていて脇目も振らずに一心に行るから直にそれと知れる」
(38) 丸茂霊泉『独学自助奮闘的生活』東華堂書店、一九二五年
(39)「時事新報」一九二六年三月十七日付
(40) 伊東平蔵「地方図書館の設置に就て」、日本図書館協会図書館雑誌編集委員会編「図書館雑誌」一九一四年一月号、日本図書館協会、三九ページ
(41) 林靖一「公共図書館と書生」、日本図書館協会図書館雑誌編集委員会編「図書館雑誌」一九二七年十一月号、日本図書館協会、三二一ページ
(42) 前掲「普通図書館と普通教育の効果 附試験制度」七―一〇ページ
(43) 吉野剛弘「明治後期における旧制高等学校受験生と予備校」、慶應義塾大学大学院社会学研究科編「慶應義塾大学大学院社会学研究科紀要」第五十一号、慶應義塾大学大学院社会学研究科、二〇〇〇年、三六ページ
(44) 吉野剛弘「明治後期における旧制高等学校入試――文部省の入試政策と各学校への影響を中心に」、慶應義塾大学大学院社会学研究科編「慶應義塾大学大学院社会学研究科紀要」第五十二号、慶應義塾大学大学院社会学研究科、二〇〇一年
(45) 浪峯居人「東京高工合格記――図書館で臥薪一年」、前掲「中学世界」第二十三巻第七号、一四六ページ
「かくて、次の一ヶ年は上野帝国図書館で全く独学で着着と準備した。但し午前中四時間位に限られて居た。此の準備の仕方には大した方法も無かったが、一、教科書のみを隅から隅まで完全に咀嚼すること。参考書は教科書の咀嚼し難き部分を咀嚼する為めにのみ用ゐ、参考書のみにある事項には労

力を用ゐざること。一、総て、研究的組織的に頭に詰め込むこと。教科書の一部と他の部分とを完全に連絡し、又多くの事項を帰納して一つの法則を作り根本的法則を演繹して多くの事項を説明する等のことを成る可く多くなすこと」

(46) 前掲「北海道帝大の予科に就て＝附入学試験準備」五九ページ

(47) 出口競『東京の苦学生 附・自活勉学法』大明堂、一九二一年、八七―八八ページ

「僕が地をかへて君となったら、支送りは二十五円しか無い、宿料は二十九円かゝると云ふのなら、先づ簡易食堂の附近に室を借りるのだ、たとへば神田にする、三畳か四畳半を借りるとして、畳一畳が三円と見て三畳なら九円だ、電燈料を入れても九円五十銭ですむ、それから錦町簡易食堂（神田錦町電機学校裏）へでも飛び込む、朝一食が十二銭、昼と夜が十五銭である。神田の学校なら三度三度喰ひに行ってもよい、さうすると一日が四十二銭の一ヶ月十二円六拾銭だ、他に炭代と湯銭を加へたとて二十三四円で立派にやって行けるではないか」

(48) 一高一部SY生「受験準備日課表と参考書」（「中学世界」第十八巻第四号、博文館、一九一五年）一九三ページほか。

(49) 前掲『試験の社会史』二九一ページ

(50) 前掲『上野図書館八十年略史』八、二七ページ

(51) Arthur Elmore Bostwick, *The Public Library in the United States*, American Library Association, 1929, p. 9.

(52) アビゲイル・A・ヴァンスリック『すべての人に無料の図書館――カーネギー図書館とアメリカ文化 1890―1920年』川崎良孝／吉田右子／佐橋恭子訳、京都大学図書館情報学研究会、二〇〇五年、三ページ

(53) 同書四ページ
(54) 同書五―六ページ
(55) 同書一五―一六ページ
(56) ウェイン・A・ウィーガンド『メインストリートの公立図書館――コミュニティの場・読書のスペース・1876―1956年』川崎良孝/川崎佳代子/福井佑介訳、京都図書館情報学研究会、二〇一二年、二〇七―二二二ページ
(57) 前掲『すべての人に無料の図書館』二三ページ
(58) ヴァンスリックは、“Architectural Review”の調査が取り上げた図書館のうち八五パーセントが特定の資料のための閲覧室を用意していて、七五パーセント以上が児童室を設けていたことを明らかにしている(同書二八ページ)。
(59) 同書八二―八三ページ
(60) 西村竹間編『図書館管理法』金港堂書籍、一八九二年、二―三ページ
(61) 前掲、文部省編纂『図書館管理法』一四ページ
(62) 同書二一ページ
(63) 同書二一ページ
(64) 文部省編『図書館管理法』(改訂版)、金港堂書籍、一九一二年、一九―二四ページ
(65) 同書二二―二三ページ
(66) 和田萬吉『図書館管理法大綱』丙午出版社、一九二二年、七五―七六ページ
(67) 日本図書館協会編『図書館小識』日本図書館協会、一九一五年、四三、五二―五四ページ
(68) 小野則秋『日本図書館史』(「新日本図書館学叢書」第二巻)、蘭書房、一九五二年、六―八ページ

おわりに――なぜ日本の図書館は学生が多く利用するようになったのか

近代日本で図書館に学生が集まるようになった直接的な起源は、第3章「東京遊学と図書館の発見」で明らかにしたように、官立公開図書館として東京に東京書籍館（のちに東京府書籍館、東京図書館、帝国図書館）が開かれ、その蔵書を職業資格試験の受験者が利用するようになったことに求められる。社会制度の整備が進み、各分野で人材の養成と確保が急がれた一八八〇年代からの十年間（明治十年代後半から二十年代）にかけて、立身出世のため上京遊学して東京に居住する青少年が増え、医師や弁護士などの資格試験のための学習に利用できる場所として図書館が発見された。

しかし、このことだけを端緒として公共図書館をめぐる合意が民意のなかに醸成されていったとは考えられない。新たに出現した図書館という施設に対して、そこが本（情報）を入手するところであるとともに、その蔵書を使って学問するための場所であると認識する感覚は、近代図書館制度を受容する際の底流になった近世以前の文庫に対する概念のなかにも存在していた。第1章「日本的図書館観の原型」で示した学問所と未分化だった近世的な文庫観を継承して、近代図書館の蔵書や施設も学問のためのものであると認識され、そこに上京遊学者が集まってきた。

一方、第2章「パブリック・ライブラリーを日本に」で明らかにしたように、公共図書館制度を導入した政府の側でも、図書館を学校教育を補完するものと捉えるアメリカ的な図書館理解に基づいて政策が始められていて、その後、国家主義的な教育政策に移行したあとも図書館と学校の親和性についての認識は変わらず、このことは図書館を学問のための施設であるとする民意と矛盾しなかったところから、図書館の学習室化が促進されることにつながった。

明治末期以降の庶民教化事業としての通俗図書館政策は、中小図書館の蔵書を形骸化し、自由読書による自己教養の営みを阻害して、結果的に図書館に対する学習空間としての社会的需要を高めることになる。第6章第1節「「遊学」から「受験」へ」で確認したのは、「学歴と資格がリンクする社会[1]」の到来に伴って、図書館での読書が、職業資格取得をめざした専門分野についての学習から、学歴を得るための入学試験の受験勉強に変わっていく過程である。入学試験制度が普及し大衆化した一九〇〇年前後から一〇年前後（明治三十年代末から四十年代）にかけての時期は、図書館に対する政治的評価が定まった時期でもあり、庶民教化事業として図書館の設立が進められて、利用者数（閲覧人数）も急増した。そして、高等教育進学志望者が急増して受験競争が本格化する時代が始まる大正期になると、受験生数の増加に比例して図書館利用者数も増加する。予備校や参考書と並んで図書館が受験生の生活に欠かせないもののひとつになり、図書館とは本を読むところというよりも、学生が勉強をしにいく場所であるという認識が一般に広がった。

また一方で、この時期には中学卒業者を主とする受験生以外の、働きながら学ぶ苦学者・独学者の学びの場としても図書館が使われるようになる。第5章「苦学と立身と図書館」で示したように、一九〇五年頃（明治三十年代後半）以後、中学講義録という学習媒体を利用して、検定試験によって高等学校などへの進学資格を得るための独学がおこなわれるようになったが、このような独学者に対して図書館は、その蔵書だけではなく学習のための空間を提供していた。

近代日本の図書館に閲覧室が設けられるようになったのは、開架式の運用が普及せず、書庫（書架）をそれ以外の諸室から分離した建築設計がおこなわれていたことによるが、学習空間としての利用が増えるのに伴って、新設の図書館には閲覧のためのスペースが広く確保されるようになる。第6章第2節「閲覧室という勉強空間の誕生」では、このように日本の図書館に閲覧室が欠かせない施設とみなされるようになった経緯を図書館建築の変化から解明を試みたが、受験が大衆化した一九一〇年頃（明治四十年代）以降は、都市の大規模図書館に設けられた広大な閲覧室は学生で満員になり、あたかも受験のための道場のような観を呈するようになるのである。

「勉強」という言葉が、今日流通しているような「学習」の意に使用されることが定着したのは一八八〇年代（明治十年代）だったが、「勉強」という語の響きには、「富貴」と関連した、ひたすらな学習への努力によって立身出世につながるものであるという含意[2]があった。「伝統的な用語である『学ぶ』や『学問』には、聖人への道という道徳的修養の残響があるのに対し、新しい用語『勉強』はそうした残響を消去し、徹底的に現世的な意味（富貴）がこめられた[3]」のである。

「勉強」の定着が一八八〇年代（明治十年代）だったように、知識の習得によって立身出世をめざした九〇年前後（明治二十年代）までの青少年の学びは、単なる学習行動ではなく「ひたすらな努力」を伴う「勉強」と呼ぶのがふさわしい。草創期の図書館での学生の読書は、まさに立身出世、すなわち社会的自立のための勉強だったといえる。

竹内洋は、明治期の日本に立身出世主義が生じた背景には、優勝劣敗による適者生存説である社会ダーウィニズムの理論に相通じるような日常的な社会観、「長者ニ三代ナシ」といった零落の危機を説く、フォーク・セオリーとしての社会ダーウィニズムが、日本社会のなかに相当以前から存在していたことがあるとしている。[4] そのような生存競争を前提とした立身出世主義社会のなかで形成されてきた日本の図書館の公共性と、アメリカのパブリック・ライブラリーの公共性とは、その性質が大きく異なる。

先にあげた雑誌「成功」がモデルにしたアメリカの *SUCCESS* 誌は、一八九七年(明治三十年)に創刊されているが、これに代表されるアメリカの成功読本には『聖書』からの影響は大きくあるものの、社会ダーウィニズム的なレトリックはほとんど使われておらず、そこで説かれるのは、アメリカは機会平等の国で、望めばだれでもその社会の豊富さにあずかることができるという豊富の神話であり、「意志あるところに道あり」という伝統的な格言だった。[5]

アメリカのパブリック・ライブラリーの、「働いている市民にとっては、夜間開館と貸し出しがおこなわれなければ図書館が真に開かれたものとはならない」[6]という認識に基づく館外貸し出しの重視は、望めばだれでもその恩恵にあずかることができる機会平等の国アメリカならではの公共性のあらわれである。一方で、優勝劣敗の生存競争社会の学びの空間だった近代日本の図書館の公共性は、その空間に身をおくことができた勝者に開かれた公共性だった。

本来、読書という行為は個人的な営みである。しかし、その個人的な営みを、特定の個人ではなく、その社会を構成するすべての人に保障しようとするところに公共性が生まれる。近代日本では、読書によって勉強し、進学して立身出世することは、個人的な営みではなく一家の代表としての行為だった。富の獲得と社会的上昇移動という個人主義も、近代化という大きな社会変動のなかでは、総体的に公共性をもっている。日本の図書館の公共性は、個人主義的な立身出世のための競争を、社会全体で承認かつ奨励していたことで成立した公共性だといえる。

「勉強」すなわち学びのための読書は、近代国家として発展途上だった日本の時代の要請だった。そして、それは立身出世をめざして首都に集まってきた学生たちによって過剰に求められた。職業資格試験をめざす上京遊学者も、高等学校の入試対策に明け暮れる受験生も、「成功」の読者である苦学生も、中学講義録で高検突破を夢みる独学者も、都市の公共施設のなかで、「勉強」のために使うことが許される唯一の場所だった図書館に集まってきた。

漱石や鷗外が描いたのは、途上国だった近代日本のインテリの悩みだったが、このときの学生たちの読書が、近代日本を創造し、社会を動かす原動力になっていったのである。

注

(1) 前掲『日本の教育システム』二五四ページ
(2) 前掲『立身出世主義』二六ページ
(3) 同書二八ページ
(4) 同書一六ページ
(5) 同書一八ページ

(6) Edward Edwards, "A statistical view of the principal public libraries in Europe and the United States of North America," *Journal of Statistical Society of London*, vol.11, 1848, pp. 250-261.

［著者略歴］
伊東達也（いとう たつや）
1965年、福岡県生まれ
九州大学大学院人間環境学府教育システム専攻博士課程単位取得退学。博士（教育学）
山口大学人文学部講師
専攻は図書館学、日本教育史
共著に『読書と図書館』（青弓社）、論文に「明治期の「苦学」の変化の図書館論への影響――雑誌『成功』を中心として」（「図書館文化史研究」第32号）、「学制施行期の書籍館政策について――“free public library” としての東京書籍館の成立をめぐって」（「日本図書館情報学会誌」第59巻第4号）など

苦学《くがく》と立身《りっしん》と図書館《としょかん》
パブリック・ライブラリーと近代日本

発行……2020年10月26日　第1刷
定価……2600円＋税
著者……伊東達也
発行者……矢野恵二
発行所……株式会社青弓社
〒162-0801 東京都新宿区山吹町337
電話 03-3268-0381（代）
http://www.seikyusha.co.jp
印刷所……三松堂
製本所……三松堂

ISBN978-4-7872-0074-7　C0000